배당주
투자의 정석

배당주
투자의 정석

초판 1쇄 발행 2024년 1월 31일
초판 3쇄 발행 2024년 9월 24일

지은이 김지영

발행인 장상진
발행처 (주)경향비피
등록번호 제2012-000228호
등록일자 2012년 7월 2일

주소 서울시 영등포구 양평동 2가 37-1번지 동아프라임밸리 507-508호
전화 1644-5613 | **팩스** 02) 304-5613

ISBN 978-89-6952-571-0 03320

· 값은 표지에 있습니다.
· 파본은 구입하신 서점에서 바꿔드립니다.

초보자도 연봉만큼 수익 내는

배당주
투자의 정석

김지영 지음

경향BP

추천사

저자와 나는 2001년에 어시스턴트 펀드 매니저와 CIO로서 인연을 맺었다. 20년이 훌쩍 넘은 시간이 흘렀으니 꽤 오래되고 소중한 인연이다. 지금도 여전하지만 저자는 그 당시 반짝이는 눈빛과 넘치는 에너지, 성공에 대해 의욕적인 모습이었다. 이제는 시장을 대표하는 펀드 매니저로서, 특히 설립 초부터 배당주 투자로 좋은 전통을 쌓아 온 회사에서 대표 배당주펀드를 장기간 운용해 오면서 굳건히 자리매김하고 있다. 한때 상사이자 동료였던 사람으로서 큰 박수를 보내지 않을 수 없다.

저자가 이번에 오랜 배당주 운용 경험을 바탕으로 저술한 이 책은 그동안 한국 주식시장에서 소외받았으나 앞으로 그 유용성이 매우 커질 배당주 투자와 관련된 소중한 팁들을 알기 쉽게 저술했다는 점에서 가치가 크다. 한국 증시에서 배당 중심의 투자는 기업 측면에서는 낮은 시가배당률, 소각이 수반되지 않는 자사주 매입 관행, 그리고 투자자 관점에서는 배당 세제의 불리함 등의 이유로 상대적으로 투자자들의 관심에서 멀리 있었다.

대부분의 투자자는 기관이든 개인이든 경기변동 또는 신성장 테마와 관련하여 화끈(?)한 주가 궤적을 그려 온 주식들에만 열광해 왔다. 이는 상장기업들의 주주에 대한 환원이 미진한 데서 온 반작용이라고 볼 수 있다. 아무리 기다려도 오지 않는 고도(사무엘 베케트의 희극『고도를 기다리며』에 나오는 인물)와 같았던 한국 기업의 주주환원 선진화는 아직도 개선되지 않고 있다.

그래도 미세하긴 하나 반전의 기운은 감지된다. 전반적으로 배당성향과 배당률의 상향이 나타나고 있고, 행동주의 펀드들의 노력으로 일부 기업에서는 배당률의 극적인 상향을 포함한 주주환원정책의 긍정적인 변화 조짐이 포착되고 있다.

이미 한국 시장에서는 '서학개미'라는 단어의 출현에서 알 수 있듯이 국내 투자자들이 시장을 떠나는 모습, 즉 국내 자금의 이민이 추세화까지 제법 되었다. 즉 기업 성과를 모든 주주에게 '공평하게' 돌려주는 제도와 문화가 정착된 외국으로 투자자들이 관심을 돌린 것이다. 기업들이 주주환원을 제대로 하지 않을 경우 투자자들의 이탈로 국내 자본시장의 정상적인 기능이 위협받는 사태에까지 이른 것이다.

최근 정부가 '이사의 모든 주주에 대한 충실 의무'를 확실히 하는 방향으로 상법 개정을 추진하고 있는데 향후 주주환원의 전반적인 상향을 기대해 볼 수 있어 고무적이다. 배당주 투자가 주목을 받고 투자의 기본으로 자리 잡게 될 가능성이 높아지고 있는 것이다. 저자의 책이 이런 시기에 나와 아주 시의적절하고 앞으로 배당주 투자에 관심을 갖게 될 일반 투자자에게 좋은 길라잡이가 될 것으로 기대한다.

- 강신우(스틱 인베스트먼트 총괄 대표, 전 한국투자공사 CIO)

저자는 이 책에서 단순하지만 강력한, 담백하지만 정답에 가까운 투자의 정석을 이야기하고 있다. 투자업계에 몸담고 있으면서 참으로 안타깝게 여기고 있는 것이, 기관투자자의 영역이 점차 줄어들고 있다는 것, 아니 차라리 사라지고 있다고 표현하는 것이 더 맞는 상황이 연출된다는 점이다.

이처럼 소멸되어 가는 액티브 펀드 매니저 세상에서 저자는 그야말로 울돌목에서 판옥선 13척을 가지고 왜군에 맞섰던 이순신을 연상시키기에 충분하다. 그만큼 이 험한 한국 시장에서 살아남아 줘서 고맙다는 말이 절로 나오는 많지 않은 기관투자자이기 때문이다.

저자의 생존 이유가 이 책에 나열되어 있다. 그 방법이 현란하지 않다. 저자는 예의 있는 회사 중 이익이 성장하는 기업을 찾는 것이 현 시대에, 그리고 한국에서 성공할 수 있는 배당주 투자라고 강조한다.

2020년 '동학개미' 운동으로 수많은 개인이 주식시장에 참전하였다. 그러나 130년 전 동학운동의 결과가 안타까움을 자아내듯, 현재 투자하고 있는 개미투자자들의 투자 성과는 투자를 몰랐다면 더 좋았을 것이란 생각을 자아내게 한다.

이 책은 그동안 투자에 실패했지만 포기하지 않고 시장에 남아 있는 개인·개미·일반 투자자들이 반드시 읽어야만 하는 책이다. 꾸준히 살아남아 결국 우수한 성적을 내는 방법을 어렵지 않게 기술하고 있기에 개인투자자들에게 최고의 길잡이와 교과서 역할을 할 것이다.

깨진 자들이여, 이 책을 읽어 보라. 이 책으로 새로운 눈을 가진다면 그대도 성공 투자의 반열에 오를 수 있을 것이다.

- 곽상준(신한금융투자 지점장, 유튜브 '증시각도기TV' 운영자)

배당 찐 전문가의 책이 나왔다. 아는 이만 안다는 '베어링고배당펀드'의 김지영 본부장이 펴낸 배당투자 지침서이다. 유익하고 재미있다. 아는 것 같은데 사실 잘 모르는 배당투자의 개념과 용어, 그리고 실제로 경험한 투자 사례까지 읽기에도 아주 수월하다.

배당 자체도 중요하지만, 그에 못지않게 주식의 가치가 중요함을 다시금 깨닫게 한다. 배당주의 장기 성과는 이미 검증되었다는 저자의 주장에 반론하기 힘들다. 저자의 표현대로 '나쁜 남자'인 테마주에 빠져 상처받은 투자자라면, 이제 지루하지만 나에게 충실한 '모범생 남자친구'를 만나야 한다. 연애하듯이 주식을 해 온 분이라면 이제 이 책을 읽고 건전한 배당투자와 결혼을 꿈꾸기 바란다.

- 윤지호(이베스트투자증권 리테일사업부문 대표)

글로벌 은행의 펀드 애널리스트는 고객에게 추천할 펀드를 선정하기 위해 3가지 관점에서 펀드를 분석한다. 운용팀의 역량People, 투자 프로세스Process, 펀드 성과Performance의 3P가 바로 그것이다. 그중에서도 '역량People'이 가장 중요하다. 펀드 매니저의 철학이나 역량이 부족하면 좋은 '투자 프로세스Process'를 만들 수 없고, '펀드 성과Performance'도 꾸준하기 힘들기 때문이다.

따라서 펀드 매니저와의 인터뷰는 가장 흥미로우면서도 긴장되는 작업이다. 저자가 운용하는 배당주펀드는 내부적으로 '역량People'에서 가장 높은 점수를 수년간 기록 중인 공모펀드이다. 개인적으로 저자와의 정기 인터뷰는 유희와 배움의 시간이었는데, 이 책을 읽는 동안 어느 정기 인터뷰 때보다 더 큰 즐거움과 깨달음을 얻었다. 누구의 방해도 받기 않고 배당주 그리고 주식 투자에 대한 저자의 솔직한 답변을 듣는 느낌이었다.

저자는 이 책을 통해 단순히 배당주의 투자 기법이 아닌 본인이 생각하는 올바른 기업의 거버넌스 그리고 투자 철학에 대해 이야기하고 있다. '배당은 주주에 대한 예의'라는 저자의 표현은 단순히 '배당주'를 정의하는 것을 넘어서 기업의 경영진, 투자자 그리고 금융당국에 전하고 싶은 메시지라고 생각한다. 이 책을 읽는 독자들에게도 그 메시지를 알아 가는 유희와 배움의 시간이 찾아오기를 바란다.

- 박순현(SC제일은행 투자전략상품부 이사)

배당주 투자는 온갖 유혹과 시간과의 싸움을 이겨 내야 하는 과정이다. 몇 개월만 기다려도 높은 배당수익이 예상되지만, 시장에서 철저히 외면당하기도 한다. 같은 주식시장에 있으면서도 전혀 다른 세상에 있는 것 같은 인고의 시간을 거쳐야 하는 것이다.

기다림과 유혹을 이겨 내는 것과는 반대로, 쓰러져 가는 기업들에 장기 투자하며 더 큰 기회비용을 발생시키는 형태로 변질되는 경우도 있다. 하지만 무조건 버티는 것이 맞는 투자는 아니다. 때로는 긴 기다림 끝에 배당금 감소라는 배신을 당하기도 한다. 그렇기 때문에 기업의 본질에 대한 분석 또한 배당주 투자에서 역시나 중요하다. 배당주 투자도 결국은 주식 투자이기 때문에 균형 잡힌 투자 원칙이 필수라고 할 수 있다.

배당주 전략이나 성장주 전략의 적합도는 본인의 성향에 따라 다르지만, 어느 쪽이든 간에 투자 원칙을 오랜 기간 지켜 나가는 것은 쉽지 않다. 나 또한 배당주형을 비롯한 여러 유형의 주식형 펀드를 운용하고 있기 때문에 얼마나 힘든 일인지 뼈저리게 느낀다.

저자는 내가 본 업계 선배들 중에서 꿋꿋이 투자 원칙을 지키며 포트폴리오를 우수한 성과로 운용해 가고 있는 몇 안 되는 분이다. 투자 원칙을 유지하는 것과 우수한 성과를 유지하는 것 각각이 어려운 일인데, 그 2가지를 다 잘해 내는 것은 모든 펀드 매니저의 바람이다. 그런 훌륭한 펀드 매니저가 배당주 투자이 전략에 대해 세세하게 설명한 책을 발간했으니 배당주 투자에 관심 있는 투자자들에게 큰 도움이 될 것이다. 독자들이 이 책을 통하여 통찰력을 얻어 배당주 투자의 큰 결실을 맺게 되기를 바란다.

- 김지운(삼성액티브자산운용 본부장)

머리말

"배당수익률이 얼마예요?"

"연말에 배당은 얼마나 줘요? 확정인가요?"

"금리가 @%인데 배당을 요만큼만 준다고요?"

배당주펀드를 운용하는 동안 흔히 받는 질문이다. 이러한 질문에 대해 '어떻게 하면 쉽게 이해되면서도 배당주식의 본질을 잘 전달할 수 있을까?' 하는 고민이 이 책으로 이어졌다.

배당수익률은 배당주식에서 일반적인 주식 접근법과 가장 차별화되는 요소라 할 수 있다. 널리 쓰이는 밸류에이션 지표로 주가수익비율 PER: Price Earnings Ratio이 있다. 주로 PER라 불리는 이 지표는 이익을 주가와 비교하여 낮으면 저평가로 간주한다. PER가 10배라는 것은 현재 주가가 10년치 이익으로 거래되고 있다는 뜻이다.

밸류에이션 지표로 배당수익률을 쓴다고 가정해 보자. 동일한 기업 펀더멘털을 가정하면 배당수익률은 주당배당금을 주가로 나눈 것이므로 배당수익률이 높을수록 저평가의 확률이 높아진다. 실적이 증가해서 배당이 증가하는 경우, 이익 대비 배당을 얼마나 주는지 나타내는 배당성향이 개선되고 그 결과 배당금이 증가하는 경우, 시장의 오해나 일시적 외면 등으로 주가가 하락하여 배당수익률이 높아지는 경우 모두 배당수익률로 주가의 고평가, 저평가 여부를 판단할 수 있다.

배당금은 당연히 배당주에서 중요한 요소이다. 하지만 배당주는 '주식'이기에 기업의 내재가치 대비 저평가되어 있느냐가 중요하다. 단순히 배당수익률만 높아서는 배당에서는 벌고 주가에서는 잃을 수 있기 때문이다. 그렇기에 저평가된 기업을 잘 골라낼 수 있는 눈이 중요하다.

주식 투자에서 배당이 왜 중요하냐는 질문에 단 한마디로 말하자면 '배당은 주주에 대한 예의'이기 때문이라고 하겠다. 주주에 대한 예의는 약간 어려운 말로 좋은 거버넌스라고 표현할 수 있다. 최대주주나 경영진이 소액주주에 대해서 차별하지 않고 동일하게 대우해 준다는 말이다. 한국 시장의 저평가 문제도 외부 소액주주에 대한 예의 부족에서 기인하고, 배당주가 그렇지 않은 주식 대비 투자 성과가 높은 것도 주주에 대한 예의를 지켜서가 아닐까 한다.

2022년 3월부터 미국 기준금리가 매우 빠른 속도로 올라 1년 반도 안 되는 기간 동안 5.5%까지 올랐다. 이 여파로 한국의 기준금리 역시 3.5%를 기록하는 등 과거와 판이하게 다른 금리 수준을 기록하고 있다.

그러나 오늘의 1원이 10년 뒤의 1원이 아니듯 오늘의 예금(채권)은 원금은 보존될지 모르지만 인플레이션을 감안한 실질 원금은 커버하지 못할 수도 있기에 굳이 배당수익률을 예금(채권) 금리와 비교해야 하는지 의문이 생긴다.

금리 하락기에 배당주가 성과가 좋았으니 금리가 높은 상태로 유지된다면 배당주에 불리하다는 시각도 있다. 배당수익률을 주요 팩터로 본 퀀트quant 모델 또는 소위 고배당주로 구성된 펀드나 ETF에 대해서는 금리와 배당주와의 관계를 언급하는 것이 일면 타당하다. 그러나 앞서 언급했듯이 배당투자를 할 때 기업의 내재가치 대비 저평가 여부를 잘 따져서 한다면 장기 성과에서 금리의 높고 낮음이나 방향성과 관계없이 우수한 성과를 거둘 수 있다. 물론 코로나19 시기에 절대 금리가 0에 근접하며 성장 콘셉트 주식들이 크게 상승한 기간은 예외로 둔다.

돌고 도는 테마주 장세가 지속되고 있다. 테마주 투자로 돈을 벌었다는 사람은 소수인데도 다들 소위 '나쁜 남자'인 테마주의 매력에 빠져서 결국은 마음의 상처를 입게 된다. 그에 비해 배당주 투자는 만나면 약간은 지루하지만 나한테는 충실한 착한 모범생 남자친구 같다. 만나면 좀 지루해도 한결같고 예측 가능해서 긴 시간을 함께하기에 적격이다. 자세히 들여다보면 귀엽고 재미있는 면도 있다. 인생의 동반자로 누구를 선택하겠는가? 치명적인 매력의 나쁜 남자? 약간은 지루하지만 한결 같은 모범생 착한 남자?

인생은 길고 투자도 역시 길다. 끝날 때까지 끝난 것이 아니다. 마음

편하게 내 재산을 불리기에는 배당투자만한 것이 없다. 언뜻 보면 무매력인 모범생에게도 자세히 보면 볼수록 매력이 있기 때문에 이런 배당주식을 요모조모 뜯어보고 투자할 수 있게 도움을 주고 싶다.

이 책이 기존의 배당주를 다룬 책과 다른 점은 배당수익률만을 강조하는 기존의 종목 리서치 시각에서 벗어나서 배당'주식'의 관점에서 배당주 투자를 다룬다는 것이다. 주식 투자에서 배당이 왜 중요한지, 배당주 투자를 할 때 꼭 알아야 하는 점은 무엇인지, 어떤 주식은 배당투자로 적합하지 않은지를 설명하였다. KT&G, 고려아연, 리노공업, 현대차, POSCO홀딩스 등 실제 종목의 사례를 들어 배당주 관점에서 어떤 부분을 눈여겨보고 있는지 설명하였다. 필자에게는 너무나 편안하고 익숙한 방법이지만 다소 생소하게 느끼는 분도 많을 것이다.

또한 배당주식을 포함한 주식 투자에 대한 대가들의 조언을 담았다. 한국 주식시장의 테마주 역사와 테마주에 빠질 수밖에 없는 이유를 알아보고, 사람이기 때문에 필연적으로 휘둘릴 수밖에 없는 인지편향에 대해서도 정리했다. 대가들의 투자에 대한 생각 중에서 공통된 것을 정리하면 다음과 같다.

기업을 잘 알라. / 아는 분야에 투자하라. / 안전마진을 확보하라. / 주식 투자에 원칙을 가져라. / 재무구조가 부실한 기업에 투자하지 말라. / 심리적 요인을 고려하라. / 남의 돈으로 투자하지 말라. / 꼭 써야 할 돈으로 투자하지 말라.

필자에게 배당주식이란 장기적으로 목돈 만들기에 알맞은 투자 방법이다. 단기 성과를 크게 신경 쓰지 않아도 알아서 잘 굴러 가기 때문에 필자의 퇴직연금도 대부분 배당주펀드로 투자하고 있다. 때때로 지인들을 만나면 예상치도 않았는데 어느새 퇴직연금이 잘 불고 있어서 고맙다는 말을 듣곤 한다. 그때마다 '그래! 이 맛에 배당투자를 하는 거지.'라고 미소 짓는다.

종목에 대한 언급은 언제나 조심스럽다. 독자들에게는 대단히 미안하지만 개별 종목에 대한 언급은 더욱 어렵다. 필자는 현직 펀드매니저이기 때문에 관련법과 회사 내부 컴플라이언스 규정을 준수해야 하는 것은 기본이고, 궁극적으로는 어떤 종목을 언급함으로써 고객에게 피해가 가면 안 되기 때문이다. 이러한 한계에 대해 양해를 부탁드린다. 그리고 이 책에 쓴 내용은 철저히 필자의 개인 생각임을 밝혀 둔다.

배당투자에서 가장 힘든 시기는 기업 실적은 둔화하는데 유동성이 많이 풀려 있는 시기이다. 배당투자를 하다 보면 중간중간 이런 어려운 시기도 겪게 된다. 그러나 이 시기에 배당주 관점을 유지하면서 거센 역풍에 몸을 낮추며 잘 견뎌 낸다면 끝나지 않을 것 같던 겨울이 결국 따뜻한 봄볕에 물러나듯 배당주식의 성과가 꽃을 피우는 시간이 반드시 돌아온다는 것을 수년간의 경험에서 깨달았다.

한국 주식시장에서 주주환원이라는 화두가 던져진 지 채 10년이 되지 않았다. 이 책이 모쪼록 건전한 '배당주 투자 문화'에 조금이라도 도움이 되면 좋겠다.

이 책이 나오기까지 주위 분들께 과분한 도움을 받았다. 특히 배당주 투자 원칙을 지켜 갈 수 있도록 기다려 주시고 응원해 주신 고객님들 한 분 한 분의 사랑이 큰 힘이 되었다. 배당주 투자 원칙과 프로세스를 지키면서 발전시켜 갈 수 있도록 함께 해 주신 베어링자산운용 주식운용 팀 동료분들 및 임직원 여러분들께 무한한 감사를 드리고 싶다. 책을 쓰면서 자료를 찾을 때 큰 도움을 주신 증권사 애널리스트분들께도 감사 드린다.

끝으로 80 평생 배움을 낙으로 살아오신 아버지, 딸이 가는 길을 믿고 응원해 주신 어머니, 바쁜 며느리의 든든한 울타리가 되어 주신 시부모님, 자유 시간을 쪼개 가며 원고를 쓰는 아내이자 엄마를 기다려 주고 격려해 준 남편과 두 딸에게 감사의 마음을 전한다.

김지영

차례

1장 배당에 대한 기초 상식

4장   언제 사고, 언제 팔아야 하는가?

5장   테마주 투자의 유혹

8장 자료 활용 및 배당과 관련된 정부정책

왜 배당투자를 해야 하는가?

왜 테마주에 끌리는 것일까? ○○수혜주, ○○관련주. 주식 투자에 조금만 관심이 있는 사람이라면 누구나 이 말이 무엇을 뜻하는지 알 것이다. 증권사 HTS에서 기본값으로 제공해 주는 관련주 종류만 해도 수십 가지이기 때문이다. (네이버 증권에서 제공하는 테마는 놀랍게도 270개 이상이다.)

그러면 소위 테마주 투자는 기댓값(성공가능성)이 높은 투자일까? 먼저 기댓값의 정의를 살펴보자. 확률 변수의 기댓값이란 사건이 일어나서 얻는 값과 그 사건이 일어날 확률을 곱한 것을 모든 사건에 대해 합한 값이다. 기댓값은 주어진 사건(주식 투자의 입장에서는 보상)의 확률 가중 평균이고, 투자자는 투자의 결과에 대한 기댓값을 계산하여 리스크와 보상을 고려하게 된다. 쉽게 말해 얻을 수 있는 보상에 확률을 곱한

024 ▲ 배당주 투자의 정석

값이라고 보면 된다.

테마주에는 이러한 투자자의 리스크와 보상 기대가 작용하고 있는 것일까? 테마주가 맞았을 때 돌아오는 보상은 매우 크다. 대부분의 투자자는 이 보상에 대한 확률이 매우 높다고 생각하고, 실패할 가능성은 매우 낮다고 가정한다. 하지만 현실 세계에서는 그렇지 않다. 주가는 짜릿함을 선사해 줄 수 있을지는 모르겠으나 실제로 테마가 현실화된 짜릿한 결과는 흔치 않다.

이렇게 기댓값이 높지 않은 테마주로 관심이 지속적으로 몰리는 이유는 무엇일까? 그 이유를 행동경제학의 창시자인 대니얼 카너먼이 언급한 시스템1과 시스템2로 설명할 수 있다. 인간은 시스템1을 주로 사용하도록 진화되었기에 분석을 요하는 시스템2보다는 시스템1을 투자에도 많이 사용하기 때문이다.

- **시스템1** : 저절로 빠르게 작용하며, 노력이 거의 또는 전혀 필요치 않고, 자발적 통제를 모른다.
- **시스템2** : 복잡한 계산을 비롯해 노력이 필요한 정신 활동에 주목한다. 흔히 주관적 행위, 선택, 집중과 관련해 활동한다.

투자자는 종종 빠른 결정을 내릴 때 시스템1을 사용한다. 이때 감정과 직관에 의해 영향을 받을 수 있으며, 스토리(내러티브)나 주변 환경에 쉽게 끌릴 수 있다. 예를 들어 특정 주식에 대한 긍정적인 이야기를 들고 그 주식을 살 가능성이 있다.

반면 시스템2는 투자 결정의 깊은 분석을 담당한다. 이 시스템은 주식의 장기적 가치, 재무상태, 경제지표 등을 평가하고 복잡한 판단을 내릴 때 활성화된다. 하지만 시스템2는 에너지 소모가 많아서 투자자들은 종종 시스템1에 의해 영향을 받는 경향이 있다.

투자할 때 시스템2를 사용하는 일은 우리의 진화 방향과 역행(?)하기에 어렵다. 그러면 보다 쉽게 시스템 2를 활용하여 성공 가능성(기댓값)이 높은 투자를 할 수 있는 방법이 있을까?

필자는 장기적인 배당주 투자라고 자신 있게 말할 수 있다. 배당은 기업이 벌어들인 이익 중 일부를 투자자(주주)에게 돌려주는 것이다. 그런데 기업의 입장에서는 실질적으로 현금이 회사 외부로 빠져나가는 것이기에 자금 여력이 불안하다면 자신 있게 배당을 지급하기 어렵다.

그렇기 때문에 배당을 안정적으로 늘려 가는 회사는 대체로 수익성이 좋고, 현금흐름과 재무구조가 우량한 특징을 지닌다. 또한 지배구조 관점에서 보더라도 대주주나 경영진의 이익만 중시하지 않고 소액주주의 권리도 존중한다는 의미로 볼 수 있다. 이러한 회사들은 단기 주식시장 변동성이 확대되더라도 중·장기적 주가 상승을 보여 왔다.

자산 포트폴리오 측면에서 배당금의 재투자 효과는 꼭 노후자금 마련이 아니더라도 꼭 챙겨야 하는 꿀팁이다. 받은 배당금으로 주식을 추가로 살 수 있기 때문에 실제로 배당금을 재투자했을 때 그렇지 않았을 때보다 장기 성과가 양호한 경향이 있다. 이자의 복리 효과와 비슷한 개

넘인 배당의 재투자 효과는 중·장기적 관점에서 자산이 쌓여 가는 맛을 느낄 수 있다.

분기 실적 호전주나 테마주 투자 전략은 그 전략이 맞았을 때는 성과가 양호할 수 있으나, 틀렸을 경우에는 리스크가 커질 수 있다. 하지만 배당주 투자는 주가 변동성은 낮으면서도 자산 가치를 키워 나가는 방향이기 때문에 중·장기적으로 안정적이고 비교적 예측 가능한 성과를 낼 수 있는 전략이다. 그동안의 주가 상승에도 불구하고 KOSPI 배당수익률은 2%대 중반에 머무르고 있어 앞으로도 배당주의 상대적 강세 지속 가능성은 여전하다고 생각한다.

한국 주식시장에서 배당금 총액은 2014년 16조 원을 기록한 이후 우상향 중이다. 특히 코로나19로 기업이익이 위축되었던 2020년에도 상장사 배당총액은 사상 최대치인 40조 원을 기록했는데 삼성전자 특별배당(+10조 원)을 제외하더라도 2018~20년 상장사 배당금 총액이 30조 원으로 유지된 점이 긍정적이다. 코로나19 등 불확실성 증가에도 불구하고 배당금을 지급할 수 있었던 것은 우리 기업의 기초 체력이 강화된 것을 반증한다고 볼 수 있다.

배당주 투자하기 좋은 시점은 정해져 있을까? 특히 연말 배당 시즌이 되면 '찬바람 불면 배당주'라는 언론 기사들을 매년 접하게 된다. 배당주에 투자하기 좋은 시점이 딱 정해져 있는 것은 아니다. 배당만 받고 주식을 바로 처분하는 것은 월세 나오는 상가를 월세 받기 전에 샀다가 월세를 받고 바로 파는 것과 비슷하지 않을까 한다. 우량한 재무구조를 보유하고, 대주주나 경영진이 소액주주의 이익도 중시하는 기업이 배당까지 많이 준다면? 그리고 그 기업도 성장을 찾아서 끊임없는 노력을 한다면? 그런 배당주는 싸게 사서 장기 보유하는 것이 안정적인 수익 창출 기회가 아닐까?

주간 일기 예보가 틀려서 당황한 적이 누구나 한 번쯤 있을 것이다. 그러나 겨울이 지나면 봄이 온다는 계절의 변화는 절대 틀리지 않는다. 이와 같이 성공 확률이 높은 투자 방법은 때로는 너무 당연한 것 같아서 진부해 보이기도 하며, 그리 흥미롭게 여겨지지 않는다. 좋은 배당주 투자는 자산 가치의 변동성을 낮게 유지하면서도 자산을 키워 갈 수 있는 좋은 대안이다. 중·장기 투자에 배당주는 꼭 가져가자.

1장

배당에 대한
기초 상식

나는 회사가 배당금을 지불하는 아이디어가 마음에 든다.

- 월터 슐로스Walter Schloss

01 배당의 정의와 역사

● **배당이란 무엇인가?**

주식을 보유한 사람을 주주株主, shareholder라고 하는데, 주식회사의 주주는 보통주 발행주식수 비중만큼 그 회사에 대한 권한을 가진다. 대표적인 권한이 이익분배권이다. 기업의 이익을 주주에게 나누어 주는 것이 배당이다. 배당의 정의는 다음과 같다.

> ✓ **배당**配當, dividend
>
> 주식을 가지고 있는 사람들에게 그 소유 지분에 따라 기업이 이윤을 분배하는 것. 기업 즉 회사는 영업활동을 통해 이익이 일어나고 그 이익을 주주에게 배분하는 게 원칙이다. 이것을 이윤배당이라고 한

다. 이윤배당을 극대화하는 것이 주식회사의 목적이고, 이 배당에 참여할 수 있는 권리는 주주에게만 있다. 그러므로 이윤배당은 주주총회의 중요한 의결사항이다.

배당은 영업연도를 기준으로 한다. 다시 말하면, 회사는 결산을 할 때마다 영업보고서, 재무제표, 감사보고서 등을 정기 주주총회에서 승인받아야 한다. 배당금은 정기 주주총회나 이사회에서 지급시기를 따로 정한 경우를 제외하고는 주주총회 승인 뒤 1개월 안에 지급하여야 하며, 배당금에 대한 지급청구권의 소멸시효는 5년으로 정해져 있다(상법 464조의 2).

-네이버 지식백과(두산백과)

● 배당은 언제부터 시작되었는가?

석유왕 존 D. 록펠러는 "배당금을 잊지 말라. 배당금은 검약, 절약, 선견지명에 대한 보상이다."라는 말을 했다. 이는 배당금은 기업이 주주에게 보상하고 회사에 투자한 사람들에게 안정적인 수입원을 제공하는 중요한 방법이라는 록펠러의 믿음을 반영한다. 그는 배당금을 지급하는 것이 회사의 재무 건전성과 안정성의 표시이며 주주에 대한 약속을 보여 주는 것이라고 믿었다.

배당은 언제부터 시작되었을까? 배당금의 역사는 상인과 그의 파트너에게 이익을 분배했던 중세 시대로 거슬러 올라가지만 현대의 주식회사 관점에서는 네덜란드 동인도회사VOC: Vereenigde Oost-Indische Compagnie의 경우를 분석해 볼 필요가 있다.

1602년 설립된 세계 최초의 주식회사이자 세계 최초의 다국적 기업, 그리고 17세기 세계 최대의 회사인 VOC를 알아보자. 당시 네덜란드에서는 영국이 동남아시아 무역에 뛰어드는 것을 보고 대규모 무역선단을 꾸리려 했지만 워낙 규모가 크고 위험이 높다 보니 소수가 하기에는 역부족이었다. 대선단을 구성할 튼튼한 배를 대량으로 건조하고, 현지에 중요한 거점을 구축하기 위해서 VOC는 거액의 자금을 장기적으로 조달해야 했다.

이에 여러 사람의 투자를 받아 대규모 선단에서 나오는 이익을 나누자는 아이디어가 나오게 됐고 투자금을 한곳에 모아 놓고 그 자금에 대한 소유권을 나타내는 종이 권리증서를 만들게 되었다. 이것이 근대 주식의 시작이었다. 여기서 주주들로부터 투자를 받아 이익을 배당한다는 주식회사의 개념이 생겼다. 회사의 지분을 판매하는 주식이라는 개념도 네덜란드 동인도회사가 최초이며, 역사상 최초의 증권거래소도 네덜란드에서 바로 이 동인도회사 주식을 거래하기 위해 생겼다.

VOC는 기존의 가족이나 동료로부터 자금을 조달하지 않은 무연고 주주 기반이기에 경영의 구조가 크게 바뀌게 되었다. 무연고 주주는 경영자와 개인적인 유대 관계가 없고 소유와 경영이 분리된 환경에서 이윤을 노리고 투자를 하게 된다. 이러한 무연고 주주를 만족시키기 위해서는 2가지가 필요하다.

첫째, 사업의 이윤을 정확하게 계산한다.

둘째, 이윤을 출자비율에 따라 분배한다.

무연고 주주에 대한 이윤 보고account for가 회계accounting의 어원이다. 자금을 맡은 경영자가 자금을 제공한 주주에게 보고(설명)하는 것이 회계의 기원이다. VOC는 주주의 유한책임으로 출자자를 모으고 소유와 경영의 분리 체제를 만들었다. 이것이 VOC가 주식회사의 기원이라고 불리는 이유이다.

- 유한책임제도를 사용해서 주주로부터 자금을 조달한다.
- 부기를 활용해서 정확하게 이윤을 계산하고 주주에게 배당한다.(배당수익)
- 주식을 전매할 수 있는 증권거래소를 준비한다.(자본차익)

19세기 말과 20세기 초에 배당금은 현대 기업 구조의 핵심 요소가 되었다. 기업의 규모와 복잡성이 증가함에 따라 정기적인 투자 수익을 배당금 형태로 제공함으로써 더 많은 투자자를 유치하고자 했기 때문이다. 이를 통해 회사는 더 큰 투자자 그룹으로부터 자본을 조달할 수 있었고, 확장 및 성장에 자금을 지원할 수 있었다.

20세기 중반 배당금 지급 경향은 제2차 세계대전, 인플레이션, 세법

변경 등 여러 경제적·정치적 사건의 영향을 받았다. 여러 변화에도 불구하고 최근 수십 년 동안 기업이 주주에게 보상하고 안정적인 수입원을 제공하기 위한 배당금 지급은 계속되고 있다. 오늘날 배당금은 투자 환경의 중요한 부분이며 투자자가 수입원 및 회사의 재무 건전성을 측정하는 수단으로 널리 사용하고 있다.

한국은 정부 수립 이후 빠르게 성장하는 가운데 국가 전체적으로 축적된 자본이 없고 부족한 상황이었다. 서구에서는 사회에 이미 축적된 자본이 재투자되는 상황에서 (무연고) 주주-대리인 경영 구조로 발전해 온 반면, 한국은 투자를 위한 자금을 외국 자본에 의존할 수밖에 없었다. 외자 조달의 창구는 단연 대한민국 정부였는데 기업의 입장에서는 자금을 구할 수 있는 정부와 가깝게 지내는 것이 모자란 자본을 구하는 데 가장 좋은 방법이었다.

1960년대에는 상장기업의 주식을 대주주와 관계인이 70% 이상 소유하여 유동주식이 부족했다. 1969년을 자본시장 육성의 해로 지정하고 법률을 제정하며 기업공개를 독려했으나, 1969년 상장기업 수는 42개에 불과하였다. 기업공개를 하면 자기자본 조달로 금융비용을 절감하고 자기자본을 충실하게 하여 재무구조를 개선하는 장점이 있었지만 대주주의 관심은 부족했다. 또 대다수 기업인이 기업을 공개하면 회사를 남에게 뺏긴다는 생각과 기업 비밀이 노출된다는 생각을 가지고 있었다.

정부는 1972년 12월에 '기업공개촉진법'을 제정하고 행정력을 동원하여 강압적으로 기업공개를 밀어붙였다. 정부가 직접 공개 대상 기업을 지정하고, 공개를 명령하는 한편 이를 거부하는 기업에게는 세제상·금융상 제재를 가했다. 그 결과 1972년에 66개이던 상장기업이 해마다 급증하여 1978년에는 356개로 늘어났다. 6년간 무려 290개 회사가 신규로 상장하였다.

중시 활성화를 위해서 외부 투자자금이 필요하지 않은 기업들에게도 기업공개를 독려하였는데, 이 결과 수십 년이 지난 지금까지 공개기업(상장기업)이라고 할지라도 소액주주의 권리에 대해서는 크게 관심을 갖지 않게 된 하나의 배경일 수 있겠다고 추측된다.

1970년대 상장기업 증감 추이

(개)	1970	1971	1972	1973	1974	1975	1976	1977	1978	1979	1980
상장기업 수	48	50	66	104	128	189	274	323	356	355	352
증감		2	16	38	24	61	85	49	33	-1	-3

자료: 윤재수 저, 『돈이 보이는 주식의 역사』, 길벗, 2021.

2020년 이전 한국 주식시장에서는 주로 외국계 헤지펀드, 사모펀드에 의해 소액주주 권리를 주장하는 움직임이 있었다. 그러나 그때마다 외국계 펀드의 편을 들어 줄 경우, 우리나라 기업 경쟁력이 약화된다는 논리가 우세하여 성공하지 못하였다. 코로나19 전후로 한국 주식시장에 개인 참여도가 높아지고 있고 소액주주의 권리에 대한 관심이 증가하고 있어 과거 대비 주주환원도 증가할 것으로 전망한다.

02 배당투자를 하기 전에
꼭 알아야 할 용어들

● **배당률, 배당수익률, 배당성향**

1922년에 설립되고 1957년에 기업공개한 메리츠화재(설립 시 조선화재해상보험, 이후 동양화재해상보험)의 1999년 사업보고서를 살펴보자.

언론이나 심지어 전문 기고문, 논문에서도 배당수익률과 액면배당률을 혼용하는 경우가 종종 있다. 보통 배당수익률dividend yield을 배당률로 표현하는 경우가 대부분이기는 하다. 과거 배당에 대한 관심이 낮았던 시기에는 액면가 대비 배당을 얼마나 하느냐를 보던 시기도 있었다. 다음 표를 보면 메리츠화재의 제78기 액면배당률은 600원/5,000원=12%였음을 알 수 있다.

배당수익률은 액면가 대비 수익률을 보는 것이 아니라 주가 대비 수익률을 구하는 것이다. 흔히 시가배당률 또는 시가배당수익률이라는 말

메리츠화재의 배당에 관한 사항

구 분		제 78 기 (1998.4.1~ 1999.3.31)	제 77 기 (1997.4.1~ 1998.3.31)	제76기 (1996.4.1~ 1997.3.31)	제75기 (1995.4.1~ 1996.3.31)	제74기 (1994.4.1~ 1995.3.31)
당기순이익		19,499,482천원	15,296,937천원	13,944,781천원	5,712,865천원	△74,526,202 천원
주당순이익(원)		2,355	1,797	1,625	666	△15,329
배당가능이익		19,499,482천원	19,881,236천원	13,473,324천원	4,803,399천원	0
배당금총액		4,968,000천원	3,312,000천원	5,148,000천원	4,290,000천원	0
배 당 성 향		25.48%	21.65%	36.92%	75.09%	0
주당배당금(원)	대	600	400	600	500	0
	소	600	400	600	500	0
액면배 당률	현금 대	12%	8%	12%	10%	0
	현금 소	12%	8%	12%	10%	0
	주식 대	0	0	0	0	0
	주식 소	0	0	0	0	0
배당수익률		3.05%	4.82%	2.93%	2.07%	0
주당순자산(원)		13,697	8,988	7,986	7,516	6,907
주당경상이익(원)		3,033	1,772	1,632	666	△15,327

자료: 전자공시시스템

로 표현한다. 같은 기간 배당수익률은 3.05%였는데 배당수익률=주당배당금/주가인 점을 고려하면 기말주가는 19,700원이었을 것이다.

배당성향은 그해 벌어들인 이익에서 배당을 얼마나 주었는가를 표시하는 지표이다. 주당배당금/주당순이익으로 계산하면 600원/2,355원=25.48%, 즉 주당 2,355원을 벌어서 600원을 배당으로 주었다.

● 현금배당, 주식배당

보통 우리가 아는 배당은 현금배당이다. 주식배당은 회사가 이익잉여금을 현금으로 배당하지 않고 주식으로 배당하는 것이다. 주식배당을 하려면 역시 주식배당금액만큼의 배당가능이익이 있어야 한다. 무상증자는 이사회 결의로 연중 언제나 가능한 반면, 주식배당은 이익잉여금을 배당으로 처리하는 사안이라 주주총회를 거쳐야 가능하다.

주식배당은 당장 현금을 유출하지 않고 배당할 수 있기 때문에 현금이 부족한 회사들이 선택할 수 있다. 주주 입장에서는 배당 받은 주식을 시장에서 팔면 현금화할 수 있기 때문에 현금으로 배당 받는 것과 별 차이가 없다. 그러나 주식배당은 발행주식수를 늘리는 것이므로 배당물량이 많으면 주당순이익 등 주식가치가 하락할 수 있다.

배당을 현금으로 할 때와 주식으로 할 때의 배당락 개념은 좀 다르다. 현금으로 배당을 한다면 배당락은 당해 연도 배당금을 받을 권리가 없어진 주식이라고 할 수 있다. 그러나 주식으로 배당할 때의 배당락은 주식배당으로 주식수가 늘어나는 것을 고려해 기준 주가를 인위적으로 떨어뜨리는 것을 의미한다.

현금배당은 기준주가를 인위적으로 조정하지 않는다. 그런데 현금배당일 경우에도 배당 권리를 확보한 일부 투자자들이 배당락일에 주식을 팔아 주가가 떨어지기도 한다. (배당 권리가 확보된 주식은 배당 대상 주주명부에 올라가기 때문에 다음 날 주식을 팔아도 배당을 받는 데는 문제가 없다.)

● 배당기산일, 배당락일

배당기산일이란 배당을 계산하는 기준일이다. 회계 기중에 유상증자, 무상증자 등을 하게 되면 배당에 대한 권리 발생일을 명기하게 되는

데 보통 회계 기중에 증자를 하게 되더라도 그해 회계 기초일(보통 1월 1일)부터 그 주식을 보유하고 있던 것으로 간주하여 회계 기말(보통 12월 31일)에 배당을 받을 수 있는 권리를 부여받게 된다.

배당락일은 배당을 받을 권리가 소멸되는 날을 말한다. 1년에 한 번 기말배당을 실시하는 기업의 경우 1년 동안의 기업 실적 중 일부를 배당으로 지급하게 된다. 매년 12월이 되면 언제까지 주식을 사면 배당을 받을 수 있다는 기사를 볼 수 있는데, 주식을 매수하면 3일 수도결제를 거쳐서 내 계좌에 입고되기 때문에 마지막 거래일로부터 3일 전에 매수를 완료해야 한다.

가상의 12월 달력을 예로 들어 보면, 마지막 거래일인 30일을 포함하여 3일 전에 매수를 완료해야 하므로 26일까지는 주식을 매수해야 배당을 받을 수 있는 권리가 생기며, 해당 기간 배당에 대한 권리가 사라지는 배당락일은 27일이 된다.

일	월	화	수	목	금	토
22	23	24	25	26	27	28
29	30	31			배당락일	

2023년 배당부터는 많은 기업이 소위 '깜깜이' 배당을 지양하고자 배당 지급 관련 정책을 변경하고 있다. 이 부분에 대해서는 8장에서 자세히 다룰 예정이다.

● 배당금, 분배금

주식을 갖고 있으면 이익을 분배해 주는데 이를 배당금이라고 한다. 현재는 기말배당의 경우 기말에 배당을 받을 수 있는 권리주주가 확정되고, 3월 주주총회를 앞두고 2월 이사회에 이익배당의 건이 주총 안건으로 올라간다. 이것이 3월 주총에서 통과되면 주총 이후 1개월 이내에 배당금 지급이 이루어진다. 책의 뒷부분에 배당지급 관련 정책 변경에 관한 내용을 따로 설명해 놓았으니 참고하기 바란다.

분배금은 ETF 투자의 경우 받을 수 있는 것인데 ETF 분배금은 이렇게 수취한 배당금 총액을 1, 4, 7, 10월 말에 투자자에게 나눠 준다. 파생상품형 ETF의 경우 분배금이 없을 수도 있으니 잘 확인해야 한다.

2장

왜 배당이
중요한가?

나는 자사주 매입을 선호하지 않습니다.

회사가 자사주를 매입할 돈이 있다면,

그 돈을 가져와 배당금을 늘려야 한다고 생각해요.

주주에게 반환해야 합니다.

그들은 배당에서 얻은 돈으로 다시 투자할 수 있어야 합니다.

- T. 분 피켄스(T. Boone Pickens)

01 한국 시장은 왜 저평가되었는가?

● 배당은 주주에 대한 예의이다

배당에 대해서는 많은 얘기가 있지만 간단한 예로 정리해 보겠다.

동네에서 빵집을 하는 친구가 장사가 잘된다며 다른 동네에 2호점을 낼 생각이니 친구들한테 돈을 투자하라고 한다. 그 빵집은 다른 동네에서도 대박이 났고 투자한 친구들은 빵집에서 난 이익을 나눠 달라고 요구한다. 그런데 빵집을 하는 친구는 3호점, 4호점을 낼 때 돈이 필요하다는 핑계로 이익을 돌려주지 않는다. 그러면서 거기는 번 돈으로 비싼 외제차를 사고, 빌딩을 산다. 아니면 가게를 확장할 거라 돈이 필요하니 이익금을 갖고 있어야 한다면서 아무것도 안 하면서 현금을 쥐고만 있다. 여기저기서 들어 봤을 법한 이야기이다. 과연 빵집을 하는 친구가 돈을 투자해 준 친구들에게 조금이라도 예의가 있었다면 이런 행동을 할 수 있었을까?

한국 시장의 저평가 문제도 주주에 대한 예의 부족에서 기인하고, 배당주가 그렇지 않은 주식 대비 투자 성과가 높은 것도 주주에 대한 예의를 지켜서가 아닐까 한다.

주주에 대한 예의는 약간 어려운 말로 좋은 거버넌스라고 표현할 수 있을 것 같다. 경영자가 주주의 이익을 위해 제 역할을 할 수 있는지 모니터링할 수 있는 체계가 갖춰졌느냐는 말이다.

⊘ 거버넌스(기업지배구조) Corporate Governance

통상 기업 내부의 의사결정 시스템, 이사회와 감사의 역할과 기능, 경영자와 주주와의 관계 등을 총칭한다. 넓게는 기업경영과 관련된 의사결정에 영향을 미치는 요소로 이해할 수 있다. 기업경영 환경에는 기업 내부의 의사결정 시스템은 물론 시장에 대한 규제, 금융감독체계, 관행 및 의식 등이 망라된다. 좁게는 기업경영자가 이해관계자, 특히 주주의 이익을 위해 제 역할을 다할 수 있도록 감시·통제하는 체계를 의미한다.

기업지배구조 개선 방법으로는 사외이사제도 도입, 소액주주권한 강화, 회계감사제도 강화, 금융감독체계 강화 등이 있다. 세계경제의 글로벌화에 대응한 안정적 국제투자관행의 확립과 기술혁신·자본자유화 등 기업환경의 급속한 변화에 따라 기업지배구조 확립의 필요성이 확산되고 있다.

그동안 미국을 중심으로 하는 선진국에서 우수한 기업지배구조가 기업경쟁력의 원천이며, 각국 경제의 장기적 안정성장의 기본 요건이라는 인식이 확산되어 왔다. 이러한 인식은 경제와 자본시장의 국제화가 가속화되면서 기업지배구조에 대한 국제규범을 만들어야 한다는 견해로 발전되기도 했다. 단적인 예로 OECD는 '기업지배구조의 기본 원칙'을 마련했는데, 이는 주주자본주의에 바탕을 둔 영미식 기업지배모형의 중심이다.

자료: 기획재정부 저, 『시사경제용어사전』, 2017.

● **한국 시장 저평가 문제는 낮은 주주환원율 때문이다**

한국 주식시장은 역사가 짧은 탓에 해결되지 않은 여러 문제가 있다. 물론 주주자본주의가 꽃핀 미국도 처음부터 소액주주에게 우호적인 환경은 아니었음을 기억할 필요가 있다. 문제를 인식하고 해결하기 위해서 참으로 오랜 시간이 걸렸다.

한국 시장이 여러 문제 중에서도 지배주주(빵집을 하는 친구)majority shareholder와 소액주주(빵집에 투자한 친구)minority shareholder 사이의 대리인 문제에서 발생한 소액주주의 권리침해(빵집의 이익금을 안 돌려주고, 그 돈으로 차 사고 빌딩 사는 행위)가 여러 이슈의 원인이라고 할 수 있겠다.

미국 등의 국가에서 얘기되는 대리인 문제와 한국의 대리인 문제가 다른 점은 미국 등에서는 주주와 그 주주의 권한을 위임받은 이사회(경영진) 간의 이해상충이 주요한 대리인 문제로 거론되는 반면, 한국에서는 지배주주와 소액주주 간의 이해상충이 대리인 문제의 대부분을 차지한다는 것이다. 전형적인 한국 기업에서는 기업의 경영진을 지배주주가 임명하기 때문에 임명받은 기업의 경영진은 최대주주의 의사를 반영할 수밖에 없기에 경영진-주주보다는 지배주주-소액주주 간의 이해상충의 문제로 보는 것이 타당할 것이다.

주주환원이란 기업이 벌어들인 돈의 일부(또는 전부)를 주주에게 돌려주는 것인데 배당으로 주거나 자사주를 사서 소각하는 것 모두 포함한다. 벌어들인 현금을 주주에게 동일한 비율로 나눠 주는 배당금 지급이나 주식시장에서 거래되는 자기 주식을 되사서 소각하는 것 모두 포함한다. 자사주 매입 소각은 예를 들어 발행주식수 100주의 기업이 10주를 자사주로 사서 소각한다면 주당순이익, 주당순자산 같은 주당지표는 11%(100/90-1)만큼 상승하게 되기 때문에 주주환원으로 볼 수 있다.

주주환원

한국 기업이 그 해 벌어들인 순이익 중에 배당으로 지급한 배당성향은 지난 10년간 대체로 20% 초반 수준이었다. 삼성전자의 특별배당금

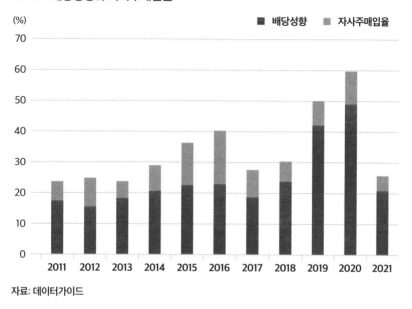

(%)　　　　　　　　　　　■ 배당성향　■ 자사주매입율

자료: 데이터가이드

이 반영된 2019년과 코로나19 사태로 기업이익이 하락한 2020년은 예외로 볼 수 있다. 이전 2000~10년에는 보다 높은 수준의 배당성향을 기록했다. 그런데 이후에 낮아진 이유는 글로벌 위기 이후 삼성전자, 현대차 등 대표 수출기업들의 실적이 급격히 좋아졌음에도 불구하고 2008년 금융위기 이후에 기업들의 재무안정성 우려가 증가되며 배당 대신 유보를 택한 기업들이 증가했기 때문으로 볼 수 있다. 흥미로운 점은 배당과 관련된 세제혜택이 도입된 2015년부터 일몰된 2018년 사이에도 배당성향 상향은 크게 눈에 띄지 않았다는 것이다.

　자사주를 포함한 낮은 주주환원율 문제가 심각한데, 더 나쁜 것은 자

최근 주요국 배당성향 비교

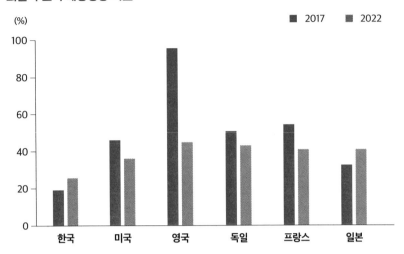

국가별 배당성향(2021년 기준)

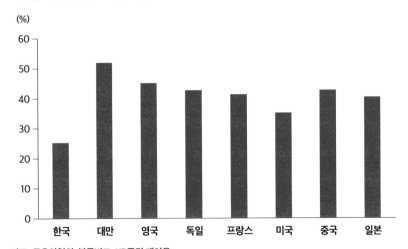

자료: 금융위원회, 블룸버그, KB증권 재인용

사주를 소각하지 않고 보유하고 있다가 지주회사, 사업자회사로 분할할 때 낮은 대주주 지분율을 끌어올리는 역할을 톡톡히 했던 사례와 경영진이나 대주주의 입맛에 맞는 주주에게 보유 자사주를 매각하여 경영권을 방어하는 데 사용했던 사례들이다. 소액주주의 권리가 깎여 나갔던 것이다.

2022년 주요국 배당성향은 대략 40% 수준이었다. 한국의 배당금이 개선세를 띠고는 있지만 배당성향은 20% 수준으로 아직도 글로벌 평균보다는 훨씬 낮다.

● 한미 주주환원수익률은 바이백일드에서 큰 차이를 보인다

회사가 벌어들인 돈을 주주에게 돌려주는 주주환원의 방법으로는 주주에게 현금으로 돌려주는 배당과 자사주를 매입한 뒤 소각해서 지분가치를 올려주는 자사주 매입소각이 있다. 현재 시가대비(시가총액)에서 주주환원(배당+자사주)이 얼마나 차지하는지를 표시한 주주환원수익률을 확인해 보자. 재미있는 점은 한국과 미국의 배당수익률 격차는 줄어들어 이제는 거의 엇비슷한 반면, 자사주 매입액으로 계산한 바이백일드buyback yield는 여전히 현격히게 큰 차이를 보인다는 것이다.

주주환원수익률

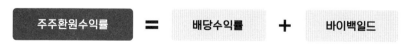

한미 주주환원수익률 격차는 2010년대 중반까지 꾸준히 3~4% 수준을 유지해 오다가 최근 들어서는 2% 수준으로 좁혀지고 있다.

한미 주주환원수익률 격차

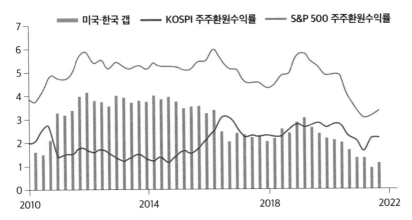

자료: 금융위원회, 블룸버그, KB증권 재인용

한미 배당수익률의 차이는 2010~16년까지 1%대를 유지해 오다가 최근 3년 동안은 오히려 한국의 배당수익률이 미국의 배당수익률을 상회하는 모습을 보이고 있다.

한미 배당수익률 격차

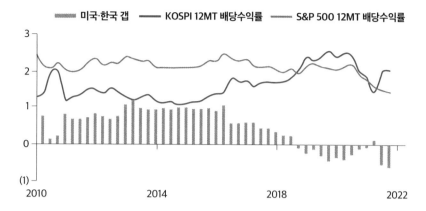

그러나 자사주 매입소각에서는 큰 차이를 보인다. 자사주 매입소각 금액이 시가총액에서 차지하는 비율을 나타낸 바이백일드의 차이는 꾸준히 2%를 상회하고 있다. 미국 기업들은 빚을 내서라도 자사주를 사서 소각할 정도로 자사주 매입에 진심이다. (물론 필자는 빚을 내서까지 배당을 해야 한다는 의견에 동의하는 것은 아니다.)

한미 바이백일드 격차

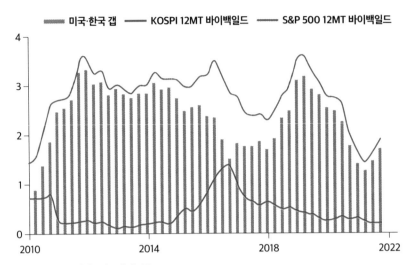

자료: Refinitive, 신한투자증권 재인용

02 자사주를 취득만 하고 소각하지 않는 이유

자사주 매입도 적은데 그나마도 소각하지 않는 이유는 앞서 잠깐 언급한 대로 소각하게 되면 지배주주나 경영진이 자사주를 자신의 이해관계에 이용할 수 없기 때문으로 추측된다. 자사주를 보유했던 기업이 지주회사-사업회사로 분할한 경우 어김없이 지주회사에 대한 최대주주의 지분율은 큰 폭으로 상승했다. 자사주 마법이 발휘된 것이다.

자사주 마법은 인적분할 과정에서 지배주주가 추가적으로 자금을 넣지 않아도 신설회사에 대한 지배력이 강화되는 현상이다. 인적분할을 추진하는 회사가 자기주식을 보유한 경우 회사를 주주로 간주하여 신설회사의 신주를 배정할 수 있는데, 배정된 지분만큼 신설회사에 대한 지배주주의 지배력이 강화되는 결과가 나타난다.

지배주주의 비용이 아닌 회사의 자기주식 보유를 통해 지배주주의 지배력이 강화되므로 자사주 마법의 활용은 외부주주의 이익을 침해하는 행위라는 비판이 지속적으로 제기되어 왔다. 또한 보유한 자사주를 지배주주나 경영진의 손을 들어 줄 수 있는 우호주주에게 매각함으로써 회사의 돈(=자사주)으로 자신의 지배권을 강화하는 데 쓰기도 한다.

이렇다 보니 자사주를 자기자본이익률ROE을 높이는 수단으로 사용하지 않았기 때문에 한국에서 자사주 매입소각이 적었고, 자사주의 주주가치 제고 효과도 크지 않았던 것으로 볼 수 있다.

자사주를 되팔아서 자금을 조달하기도 했는데 이 역시 주주환원과는 거리가 멀다. 어떤 회사가 보유한 지 오래된 자사주를 시장에 내다 팔면서 '증자를 하지 않아서 다행인 걸로 생각하라.'는 뉘앙스로 언급한 적이 있는데 ROE를 생각하는 주주 입장에서는 그 자사주는 이미 소각했어야 하고, 만약 자금이 필요하다면 다시 증자했어야 하는 것이기에 이해가 되지 않는 부분이다.

그 회사는 지배주주의 지분율이 낮았기 때문에 언제든지 의결권을 부활시킬 수 있는 자사주를 소각하고 싶지 않았을 것이다. 그런데 시설투자를 위한 대규모 증자를 앞에 두다 보니 지배주주도 주주배정 유상증자에 참여하여 주금을 납입해야 하므로 자금 부담이 되었을 것이다.

자사주를 소각하지 않고 상여금조로 직원들에게 지급하는 것은 매우 일상적이다. 직원의 애사심 고취와 주주와 직원 간의 이해관계 일치를 위해서는 바람직하다고 본다.

자사주를 소각 없이 처분하는 마지막 사례는 대주주의 지분율이 낮을 때 경영진의 영향력 강화를 위해서 자사주를 우호세력에게 넘긴 경우이다.

- ● **자사주를 경영진(최대주주) 우호세력에 넘겨 영향력을 강화한 사례 – 엔씨소프트**

너무 많은 사례가 있지만 엔씨소프트가 넥슨의 경영권 참여를 막기 위해 보유하고 있던 자사주를 넷마블게임즈에 넘기고, 대신 넷마블게임즈의 자사주를 매입한 예를 들어보겠다.

2012년 6월 넥슨은 엔씨소프트 김택진 대표로부터 엔씨소프트 주식 14.7%를 약 1조 원에 매입하여 최대주주가 되었고, 김택진 대표는 9.98%를 보유한 2대 주주가 되었다. 넥슨의 김정주 회장은 이후 동업 관계를 진행하다가 2014년 엔씨소프트 지분을 추가 취득하여 15.08%를

넥슨 – 엔씨, 경영권 분쟁 일지

일자	내용
2014.10.14.	넥슨, 엔씨 지분 0.38% 추가 취득 공시, 지분율 15.08%
2015.1.27.	넥슨, 지분 보유 목적 '단순 투자'에서 '경영 참가'로 변경
2015.2.06.	넥슨, 엔씨에 경영 참여 구체화한 '주주제안서' 전달
2015.2.10.	엔씨, 주주 제안 중 일부 내용에 대한 답변 전달
2015.2.12.	넥슨, 주주명부 열람일을 정한 최종 주주제안서 전달
2015.2.17.	엔씨, 넷마블게임즈에 자사주(8.93%)를 넘기고 지분 9.8% 취득(3,900억 원 규모)

자료: 머니투데이, 2015. 2. 17. 홍재의 기자, '자사주 소각' 넥슨 요구, 엔씨 정면돌파…'넷마블과 혈맹'

보유하게 되었다. 이후 2015년 정기주총을 앞두고 경영 참여, 자사주 소각 등을 주주 제안하였으나, 엔씨소프트는 자사주 8.98%를 넷마블에 넘겨 의결권을 살리며 우호 지분을 확보하였다. 김택진 대표 지분과 넷마블의 보유 지분을 합하면 18.91%로 넥슨 지분보다 많았다.

스튜어드십코드 도입과 ESG 활동 강화, 소액주주의 권리운동 등으로 자사주 소각 건수가 늘어나고 있어 향후 기업가치 제고 측면에서 긍정적인 영향을 기대해 본다.

● 배당이 자사주 취득보다 우위에 있다

예측 가능성과 매입 후 소각하지 않는 자사주 매입 현실을 고려하면 한국에서는 배당이 자사주 취득보다 우위에 있다고 생각한다. 자사주 취득과 배당지급은 주주환원이라는 공통점이 있지만 차이점은 융통성이다. 배당지급액은 쉽게 변경하기 힘들다.

배당을 한 번 올리면 다음 연도에 기업의 형편이 어려워졌다고 해도 한 번 올렸던 배당을 다시 내릴 경우 큰 반발이 생기고 주가에도 악영향을 미친다. 배당의 변화가 자사주 취득보다 더 큰 신호 효과가 있기 때문이다. '배당을 줄일 만큼 회사 상황이 어렵나? 재무 상황이 그만큼 안 좋은 것 아닌가? 그러면 남보다 먼저 그 회사에서 자금을 회수해야 하는 것 아닌가?' 하는 꼬리에 꼬리를 무는 부정적인 인식이 생길 수 있다.

한 번 올린 배당은 쉽게 내리기 힘들며, 어려운 상황에서 배당을 내린다면 회사 상황이 정말 어렵다는 것을 외부에 알리는 신호가 된다. 마찬가지로 배당을 증가시킨다는 것은 기업 이익이 단기간 상승한 것뿐만 아니라 앞으로도 계속해서 이 정도 수준의 높은 이익이 발생할 것이라는 의미이다. 따라서 이 신호에 반응하여 주가가 더 많이 상승하게 된다.

반면 자사주 취득은 일시적인 행동으로 올해 취득한 자사주 금액만큼 내년에도 자사주를 취득한다고 가정하기는 어렵다. 한국 주식시장에서 자사주 취득은 단기에 주가가 크게 저평가되었다는 신호로 받아들여지는 편이다. 하지만 자사주를 직접 매입하지 않고 자사주펀드를 통해 간접 취득한 경우에는 공시된 수량과 금액만큼 자사주 매입을 하지 않는 경우도 많기 때문에 주의해야 한다. 예측 가능성과 매입 후 소각하지 않는 자사주 매입 현실을 고려하면 한국에서는 배당이 자사주 취득보다 우위에 있다고 본다.

03 배당투자가 좋은 이유

● 주가가 일정 수준 이상 하락하지 않는다

앞서 배당은 (소액)주주에 대한 예의라고 했다. 배당은 대주주와 소액주주 간에 차별 없이 1주당 동일한 금액을 돌려주는 것이기에 더욱 그렇다. 그런데 회사에서 예의를 지키지 않는다면 실망한 주주가 경영진 교체를 포함하여 경영진을 압박할 수 있을까? 한국 현실에서는 매우 쉽지 않은 일이다. 몇몇 바이오 회사의 소액주주가 연대하여 경영진 교체를 시도했으나 성공한 경우는 극히 드물다.

거버넌스 측면

이런 암울한 현실에서 소액주주가 할 수 있는 일은 대리인 비용이 높지 않은 기업을 찾는 것뿐이다. 현금배당은 대주주와 소액주주가 동일하게 이익을 돌려받는 기회이기 때문에 이를 통해 회사의 거버넌스를 확인할 수 있다.

배당신호 측면

배당 분석은 회사의 펀더멘털을 확인하는 좋은 방법이다. 배당금은 한 번 지급하면 회사 밖으로 나가서 영영 돌아오지 않는 돈이니 배당은 주주에 대한 예의일 뿐 아니라 회사의 자신감 표현일 수 있다. 배당금 증가는 미래 사업 전망에 대한 자신감의 표현으로, 배당금의 축소는 미래 사업 전망에 대한 우려로 받아들여지게 마련이다. 이에 따라 주가가 상승, 하락하게 된다.

이 과정에서 유일하게 불확실한 부분은 시장에 반영되는 시기이다. 예상하지 못한 배당의 증가가 주가 상승으로 이어지거나 배당의 감소가 주가 하락으로 이어질 수 있는데 그 시점에서는 바로 반영될 수도 있고 시차를 둘 수도 있다.

안전마진 제공, 주가의 하락 방어

보통 배당을 꾸준히 주는 회사는 사업이 건실하게 잘되고 있어서 계속 현금이 쌓이는 회사, 재무구조가 좋아서 현금을 주주에게 돌려줘도 문제가 없는 회사인 경우가 많다. 이런 회사들은 주가가 하락하더라도 주가가 제자리로 갈 것이라는 믿음을 가진 투자자들이 배당금을 받으면서 기다리려고 하기 때문에 일정 수준 이상으로 하락하지 않는다.

● 배당의 변동성이 이익의 변동성보다 낮다

주가 측면에서 배당주가 유리한 이유는 주가의 변동성이 이익의 변동성보다 낮다는 점이다. KOSPI 기준 기업 실적은 눈부시게 증가해 왔다. 영업이익은 지난 20년간 꾸준히 상승하여 2001년 45조 원에서 2021년 242.5조 원까지 큰 폭으로 상승하였다. 이와 더불어 주주에게 돌아가는 배당금 지급 총액도 4조 원에서 40조 원으로 10배나 급증하였다.

그 기간 동안 수출 대기업 위주의 KOSPI 기업들은 크고 작은 경기 순환 및 글로벌 금융위기를 겪어 왔는데 그럴 때마다 이익증감률은 큰 폭으로 변하는 모습을 보여 줬다. 반면 배당증감률은 변동폭이 상대적으로 적었다. 이는 상대적으로 이익의 변동성이 낮은 배당주 특성, 환율과

KOSPI 영업이익과 배당금 지급액

자료: 데이터가이드

금리의 움직임에 큰 영향을 받는 세전이익, 앞서 언급한 배당주 신호 효과 영향으로 배당 감소를 꺼리는 기업 특성이 작용한 결과로 풀이된다.

순이익증감률과 배당증감률

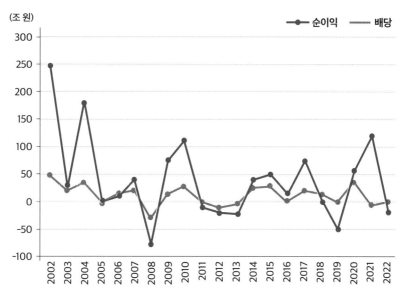

자료: 데이터가이드

이렇게 배당이 크게 증가했는데 아직도 배당이 증가할 여력이 있은까? 이 질문에 대한 대답은 '장기적으로 높은 확률로 배당이 증가할 가능성이 매우 높다.'이다. 아직도 배당이 증가될 여력이 많다고 보는 이유는 여전히 한국 기업의 배당성향이 낮기 때문이다.

앞서 언급한 대로 배당성향은 기업이 번 돈에서 배당으로 주주에게

순이익과 배당성향

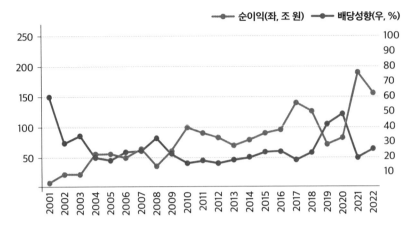

자료: 데이터가이드

돌려준 비중인데 이익이 급감한 해를 제외하면 대체적으로 KOSPI 배당 성향은 20~30% 선이었다. 2020년에는 코로나19로 기업 실적이 부진했고 기업 경영의 불확실성이 커진 만큼 배당 대신 현금을 유보하고자 하는 욕구가 컸다. 그럼에도 불구하고 삼성전자는 2019년 9.6조 원에서 2020년 20.3조 원으로 특별배당을 실시하여 KOSPI 상장기업 전체의 배당금이 줄지 않았을 뿐 아니라 배당성향이 50%를 상회하게 되었다. 기업 실적이 개선된 2021, 2022년에는 배당성향이 다시 30% 아래로 떨어져서 역사적 평균 수준으로 재차 하락하였다.

● **배당금의 재투자로 눈덩이 효과(snowball effect)를 얻는다**

배당금을 중·장기로 재투자할 경우 이자의 복리 효과와 비슷한 결과

KOSPI 지수와 KOSPI TR 지수

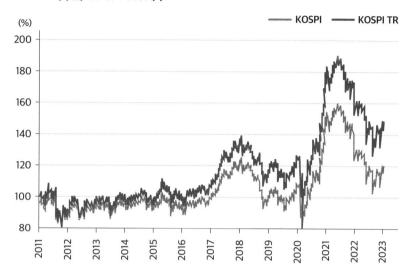

주: 2011. 1. 3. 시수=100, TR 지수는 배당의 재투자를 가정
자료: 데이터가이드

를 얻을 수 있다. 배당주펀드뿐 아니라 일반적인 KOSPI 지수만 보더라도 배당금의 재투자를 가정하는 KOSPI TRTotal Return 지수가 KOSPI 지수 대비 누적 성과가 우수함을 알 수 있다.

실제 배당주펀드의 경우에는 받은 배당금은 저평가된 배당주에 다시 투자해서 배당을 받을 수 있는 주식을 점점 늘려 간다. 배당으로 주식을 사고, 산 주식에서 배당 받고, 이게 계속 되풀이되며 배당 눈덩이가 되어 간다. 이자의 복리 효과는 누구나 아는 경제 상식인데 배당의 재투자 효과는 상대적으로 알려지지 않아서 안타깝다.

● 배당수익률이 높아지고 있다

필자가 배당주펀드 운용을 시작하던 2004년에는 KOSPI200으로 대표되는 대형주 중에서 배당수익률이 높은 종목이 정말 손에 꼽을 정도였다. 글로벌 금융위기 이후에 한 차례 배당성향이 낮아졌다가 스튜어드십코드 도입, 소액주주의 주주환원 요구가 증가되는 사회 분위기 등으로 2~3년 전부터 배당성향이 높아지고 있다. 그 결과 KOSPI200 종목 중에서 배당수익률이 3%를 상회하는 종목의 개수가 점점 증가하게 되었다. 2022년 말 현재 KOSPI200 기업의 34.5%인 69개 기업의 배당수익률이 3%를 상회한다. 우리나라 대표 기업들의 배당수익률이 높아진다는 점은 매우 환영할 만하다.

KOSPI200 종목 중 배당수익률 3%를 상회하는 종목 수

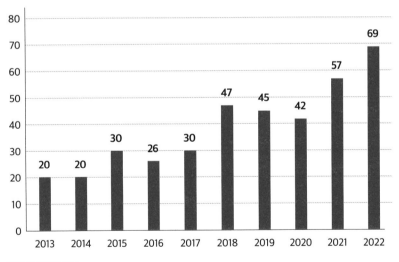

자료: 데이터가이드

04 좋은 주주환원정책이란 무엇인가?

좋은 주주환원정책에 대한 명쾌한 답은 아직 찾지 못했다. 여러 투자 대가나 경영학자들은 하나같이 ROEReturn on Equity(자기자본이익률)를 강조 하는데 여기서 가장 가까운 답을 찾을 수 있다. 기업이 ROE를 최소한 유지할 수 있을 때까지 사업에 재투자하고 남은 현금은 배당과 자사주 매입으로 주주들에게 돌려주는 것이 가장 이상적이다.

ROE는 쉽게 얘기하면 내가 투자한 돈에서 이익이 얼마나 나오느냐 이다. 예를 들어 10만 원 월세가 나오는 상가를 생각해 보자. 그런데 한 상가는 3억 원이고, 다른 상가는 4억 원이라면 어떤 상가를 사야 할까? 상가 가격 상승을 제외하고 월세만 봤을 때는 당연히 3억 원짜리 상가를 사서 월세를 10만 원씩 받는 걸 선택하지, 4억 원짜리를 사지는 않을 것 이다. 자기자본이익률도 같은 개념이다. ROE가 그래서 중요하다.

주주환원이라는 것은 투자해 준 주주에게 회사의 경영 결과물을 돌려주는 것이다. 기업수명주기 이론에서는 기업수명주기를 도입기, 성장기, 성숙기, 침체기, 쇠퇴기의 5단계로 나눈다. 보통 도입기, 성장기에 해당하는 기업들은 자금이 부족하여 외부자금을 받을 수밖에 없는 반면, 성숙기의 기업들은 배당의 재원이 되는 잉여현금흐름이 좋아 주주에게 충분히 돌려줄 수 있다. 그렇기 때문에 성장기에 있는 회사들이 배당을 하는 경우에는 배당이 시작되는지, 배당이 연속성을 갖고 있는지, 배당성향을 유지하려는지가 중요하다.

보통 성장기의 회사들은 배당성향이 낮은 특징이 있다. 성숙기에 있는 회사들은 쌓아 놓은 이익잉여금이 많고 이미 투자해 놓은 자산에서 꾸준히 현금흐름이 발생하기 때문에 배당성향을 높여도 성장을 위한 투자를 하지 못할 정도는 아니다. 배당금 지급은 경영진이 자신보다는 주주들에게 보상하려 한다는 중요한 신호를 투자자들에게 보내는 것이다.

매우 현실적인 의미에서 배당은 회사의 수익력이 지속적이고 재무상황이 튼튼하다는 것을 보여 준다. 성숙기의 회사들은 오히려 배당성향이 꾸준히 개선되는지, 이익을 증가시키기 위한 노력을 하고 있고 그 노력을 통해서 이익이 증가되고 있는지가 중요하다.

이익이 안 나는데 돈을 빌려서까지 억지로 배당을 하거나 너무 많은 현금을 쌓아 두며 '제국 건설'에 몰두하는 기업 모두 좋지 않다. 너무 낮은 배당성향은 당연히 나쁜 것이지만, 지속적으로 지나치게 높은 배당성향을 유지하는 것도 좋지 않다. 지속적으로 지나치게 높은 배당성향을 유지하는 회사들은 외부 충격이 발생해서 현금을 구하기 어려운 경우에 자금 조달 비용이 상승해서 어려움을 겪을 수 있다. 최악의 경우에는 증자를 하거나 재무 곤경에 처할 수도 있다.

이상적인 배당정책은 회사가 속해 있는 업종의 특성과 기업수명주기의 단계에 따라 다르겠지만 일관성, 적절성이라는 공통점이 있다. 하나

⊘ 일관성

기업의 이사회는 회사 배당정책으로 목표 배당성향을 정하거나, 정기 혹은 특별 배당을 지급하거나, 이익에 맞춰 배당성향을 높일 수 있다. 궁극적으로는 일관성 있는 신뢰할 만한 배당정책이 가장 좋다. 이익의 일정 부분을 배당하는 배당성향이 일정한 회사도 긍정적이지만, 배당이 꾸준히 우상향하는 회사가 가장 좋다. 미국의 경우 배당이 장기간 꾸준히 상승한 기업들만으로 구성된 지수가 오랜 기간 우수한 주식 성과를 보여 줬으며 투자자들에게 인기도 높다.

⊘ 적절성

배당정책은 경영진이 회사의 가치를 높일 수 있는 곳에 재투자할 수 있는 충분한 현금을 남겨 주어야 하며, 장기적으로는 회사 실적과 일정한 관계가 있어야 한다. 경기민감형 산업에 속한 기업은 실적 변동성이 크기 때문에 배당성향을 그렇지 않은 기업 대비 낮게 가져가는 것이 적절하다.

더 추가한다면 소통의 용이성을 꼽을 수 있다. 배당정책 공시가 도입된 지 얼마 되지 않아 기업들의 배당정책과 관련하여 소통이 아쉬운 부분이 있다. 실제로 어떤 기업이 잉여현금흐름의 일정 부분을 배당으로 지급하겠다고 했다. 잉여현금흐름은 배당의 재원을 설명하기에 매우 좋은 개념이다. 하지만 실제로는 회사와 투자자 간에 배당을 예측하는 데 큰 시각차가 있었다. 잉여현금흐름을 계산할 때 어떤 회계 계정과목을 넣을지에 대해 견해가 달랐던 것이다. 공시되는 재무제표만 가지고는 배당에 대해 합리적으로 추정하기 어려워 투자자들이 배당에 대한 기대치가 한껏 높아졌던 웃지 못할 해프닝이었다.

주주환원의 다른 한 축인 자사주 매입과 관련한 정책에 대해 알아보자. 자사주 매입이 유행이 된 미국에도 뚜렷한 관련 정책은 없다. 보통 주가와 상관없이 이익의 일정 부분을 자사주 매입·소각에 사용하는데, 이는 장기적인 관점에서 주주에게 손해가 될 수 있다. 자사주를 매입할 때 현금이(따라서 가치가) 회사에서 빠져나간다는 사실을 유념해야 한다.

자사주 매입은 매입가격이 회사의 주당 가치보다 낮은 때에만 남은 주식의 가치를 높인다. 그러나 실상 가치는 보는 사람 나름이고 자기 회사 가치를 과대 계상하는 최고경영진이 많다. 이상적인 경우라면 기업은 주식이 내재가치에서 할인된 가격에 거래될 때만 자사주를 매입해야 한다. 하지만 보통 자사주 매입은 주가가 쌀 때보다는 회사 잉여현금흐름이 과도할 때(대개 이익과 주가가 평균 이상일 때) 행해진다. 명확한 자사주 매입 정책을 가진 기업들이 나오기를 기대해 본다.

3장

———

배당투자의 실제

나는 시장이 항상 옳다고 생각하는 편은 아닙니다.

배당을 주지 않는 주식은 별 다른 가치가 없다고 생각합니다.

그것들의 가치는 다른 사람을 설득해서 얼마나 받을 수 있는지에 달려 있습니다.

- 마크 커반(Mark Cuban)

01 배당투자는 '배당'+'주식' 투자이다

흔히 배당투자를 얘기하면 가장 먼저 "그래서 배당수익률이 얼마나 나와요?"라는 질문을 받는다. 배당투자가 활성화된 미국·유럽의 경우에도 배당주펀드라고 하면 배당수익률이 높은 종목에만 투자하는 경우가 일반적이다.

필자가 생각하는 배당투자는 '배당'+'주식' 투자이다. 배당매력도가 높은 주식은 안정적이면서 토털 리턴이 높은 종목으로 정의하는데 토털 리턴의 구성 요소인 주식 매매를 통한 기본차익capital gain과 보유를 통한 배당수익dividend income 모두 고려하는 개념이다.

배당매력도

| 배당매력도 | = | 자본차익 가능성 | + | 배당수익 |

배당수익률에 대해서는 나중에 다시 언급하기로 하고 자본차익에 대해 이야기를 이어가겠다. 싸게 사서 비싸게 파는 시세차익, 즉 자본차익의 가능성은 주가가 저평가되어 있을 때 높아진다. 그런데 주가의 저평가·고평가는 어떻게 알 수 있을까?

● 배당투자는 가치투자이다

회사마다 그 회사만의 기업가치라는 게 있다. '이 회사는 얼마짜리 회사일까?(기업가치)' 이 부분을 고민하며 중·장기적인 기업가치를 보고 투자하는 방법을 가치투자라고 한다. 흔히 아는 것처럼 PER나 PBR 같은 가치 팩터가 높은 종목만을 사는 것이 가치투자가 아니며, 같은 맥락에서 가치투자의 반대는 성장투자가 아니다. 가치투자의 반대는 모멘텀투자로서 이익의 방향성, 주가의 방향성을 보고 투자하는 방법으로 트레이딩에 가깝다.

현재의 현금흐름과 현재 보유한 자산 등에 더 큰 가중치를 둔 것이 소위 가치주 투자이고, 미래 기업의 현금흐름의 가치에 더 큰 가중치를 둔 것은 소위 성장주 투자이다. 가치주든 성장주든 명확한 기업가치에 대한 고민이 있었다면 가치투자라고 봐야 한다.

기업가치를 측정하는 여러 가지 방법이 있지만 '그 회사가 앞으로 벌어들일 수익을 모두 더하면 얼마가 될까?'를 고민한다는 점은 공통적이다. 여기서 한 걸음 더 나아가 주주의 입장에서 회사가 벌어들인 돈이 나한테 얼마나 돌아오겠는가까지 고민하는 것이 배당주 투자 관점이다.

간략한 고든 배당성장모형(Gorden Dividend Growth Model)

$$\boxed{기업가치} = \sum \frac{DPS * (1+g)^n}{(1+r)^n} = \frac{DPS}{r-g}$$

※ DPS=주당배당금, g=DPS성장률, r=요구수익률

배당주에서 보는 기업가치라는 것은 미래에 받게 될 모든 배당의 합과 같다고 간주한다. 기업이 벌어들인 돈을 주주가 배당으로 회수해 가는데, 매년 회수한 배당을 현재가치화하여 다 더한 값이라고 보는 것이다(배당이 매년 g 속도로 성장, 현재가치로 할인하기 위해서 r로 할인). DPS는 주당순이익에서 배당성향만큼 주주에게 지급하는 것이기에 DPS에 영향을 주는 것은 이익과 배당성향이고, 할인율에 영향을 주는 것은 금리라고 볼 수 있다.

실제 배당투자에서는 이러한 기업가치 측정에 대해 개념적인 것을 고려하지만 여러 가지 기업가치 산정법을 사용한다. 경기에 얼마나 민감한지, 현금흐름은 얼마나 가시적인지 등을 포함하여 기업 특성에 맞는 가치 산정을 병행하기 때문에 배당투자에서 업종이나 회사의 규모를

의식한 투자는 진행하지 않는다.

또 많이 받는 질문은 "대형주 장세가 펼쳐지면 유리(불리)한가요?", "어떤 업종에 대해 오버웨이트(벤치마크보다 많이 가져가는 것)하나요?"(어떤 업종을 좋게 보느냐) 등이다. 필자는 배당투자에서 회사의 규모를 따져서 대형주냐 중소형주냐, 어떤 섹터냐를 보기보다는 회사 하나하나를 살펴보며 이 회사가 배당주의 기준에 합당한가를 먼저 생각한다. 장기간 경험에서 배당정책과 배당의 성장 전망에 대해 깊게 이해하고, 이를 바탕으로 주식의 저평가·고평가 여부를 판단한다.

어떤 회사의 펀더멘털 변화가 없다고 가정한다면 주가가 낮을 때는 배당수익률이 높으니 매집해야 하고, 주가가 상승하면 배당수익률이 하락하므로 점진적으로 차익을 실현하면서 성과와 리스크 관리를 동시에 해야 한다. 이러한 축적된 노하우가 실전 배당투자에서 중요한 부분이다.

● 채권과 배당주의 차이점

국채를 샀다면 매년 이자와 만기 때 원금을 받을 수 있다. 금리 4%를

채권을 샀을 경우 현금 흐름

시간	0	1	2	3	4	5	6	7	8	9	10
채권매수	-10,000										
이자수취		400	400	400	400	400	400	400	400	400	400
채권만기											10,000

주는 10년 만기 국채를 샀다고 가정해 보자. 이자의 재투자와 세금 등은 고려하지 않고 단순화해 보자. 1만 원 주고 채권을 매수하면 매년 400원의 이자를 받다가 10년째 되는 날 원금 1만 원과 이자 400원을 받는다.

주가는 돈으로 표시되는 것이기에 인플레이션이 있는 세상에서는 실질가치가 변하지 않더라도 명목가치가 올라가게 된다. 쉽게 말하면 매년 100~200원씩 올라서 이제는 350ml 1캔에 2천 원이 된 콜라를 생각해 보자. 옛날이랑 디자인과 맛은 똑같은 콜라인데 가격만 오른 것, 즉 돈의 가치가 하락한 것이다.

콜라 1.5리터 페트병 소비자 가격 추이

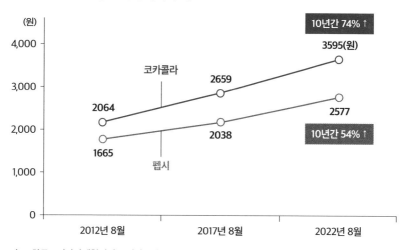

자료: 한국소비자단체협의회 소비자물가정보서비스

기업의 매출은 인플레이션을 반영해서 금액으로는 성장하고(명목가치의 상승) 밸류에이션이 하락하지 않았다고 가정하면 주가는 인플레이션을 반영해서 오르게 마련이다. 주가는 매순간 오르락내리락 하겠지만 보유하고 있을 때의 평가손익이라는 것은 큰 의미가 없다. 중·장기적으로 주가가 우상향한다면 인플레이션을 감안하더라도 가치 있다는 것이 채권과 주식의 차이라 할 수 있다.

02 배당투자는 왜 성공 확률이 높은가?

● **이미 장기 성과가 검증되었다**

배당주의 장기 성과에 대해서는 이미 검증이 되었다고 봐도 무방하다. 헤더 브릴리언트 등이 저술한 『경제적 해자 실전 주식 투자법』에서는 미국의 역대 실적으로 볼 때 배당주가 무배당주보다, 그리고 대개의 경우 고배당수익률 주식이 저배당수익률 주식보다 수익률이 높았으며, 배당금이 한물간 회사나 투자자들만을 위한 것은 아니라고 했다.(배당금은 배당수익과 자본차익을 모두 아우르는 총수익에 관심이 있는 모든 사람을 위한 것이다.)

미국에서만 배당주의 우수한 장기 성과가 입증될 뿐 한국의 상황은 다른 것이 아닌지 의문을 가지는 사람들도 있을 법하다. 하지만 배당주의 투자 원리에 맞게 운용된 한국 배당주펀드의 장기 성과 역시 벤치마크 KOSPI 대비 꾸준히 우상향했던 점은 분명한 사실이다.

물론 배당주에 대한 반론도 있다. 배당금을 너무 많이 지급하면 사업이 쪼그라들 수 있기 때문에 마냥 좋게 볼 수는 없다는 시각이다. 그러나 대규모 배당금을 지급하면서 사업 확장에 필요한 자본을 축적하지 않는 경우는 배당지급 그 자체의 문제라기보다는 회사의 자본 배분 혹은 대리인 문제일 가능성이 더 크다.

● 배당수익률이 높을수록 저평가될 확률이 높다

배당주 투자 원리는 포트폴리오의 배당수익률을 포트폴리오 밸류에이션의 대용물proxy로 본다. '꾸준하게 시장보다 높은 수준의 배당수익률을 유지한다면 동일한 펀더멘털 상에서 저평가되었을 가능성이 높다.'고 믿는다. 예를 들어 동일한 펀더멘털을 가정하면 PER가 낮은 주식이 매력적인데 PER는 주당순이익을 주가로 나눈 개념이다. 이를 배당수익률에 적용하면 배당수익률은 주당배당금을 주가로 나눈 것이므로 배당수익률이 높을수록 저평가될 확률이 높다.

PER 및 배당수익률과 평가 관계

$$PER = \frac{주가}{이익} \qquad 배당수익률 = \frac{배당}{주가}$$

PER가 낮을수록, 배당수익률이 높을수록 저평가된 것이다.

전통적인 배당주는 ROE가 높고 재무구조가 우량한 기업이 대부분이기 때문에 금융 시장이 급변하는 상황에서도 주가 변동성이 높지 않고 거시경제 환경의 변화에도 재무위험이 낮은 특징을 보인다. 대주주나 경영진이 주주이익을 중시하는(배당을 지급하여 이익을 소액주주와 공유하는) 기업 특성상 주가가 하락하여 배당수익률이 상승하면 배당이 주가 하락의 완충장치로 작용할 수 있다(전통적인 고배당주). 이번 장에서 언급할 KT&G나 SK텔레콤 등의 통신주들이 대표적인 고배당주의 예이다.

또한 불경기일 때 양호한 현금흐름을 바탕으로 선제적으로 투자하여 호황기에 실적 개선을 배가시키는 기업들도 다수 포진해 있다(배당우량 장기 성장주). 이번 장에서 언급할 고려아연이 좋은 예이다.

매출과 이익이 꾸준히 성장하고 배당성향을 유지하거나 개선시켜서 배당 역시 꾸준히 증가하는 장기 배당성장주는 항상 장기적으로 뛰어난 투자 대안이다(배당성장주). 중소형주 기업 발굴이 중요한 이유이다. 장기적으로 높은 자본차익을 안겨 주는 종목군으로 매출, 이익성장과 동반하여 배당 역시 증가하기 때문에 이익을 기반으로 한 PER 등의 다른 지표로 본 밸류에이션 지표가 다소 높더라도 배당주 관점에서는 보유해 나갈 수 있는 종목군이기도 하다. 이번 장에서 언급할 리노공업이 대표적인 예이다.

배당정책이 개선될 것으로 기대되는 주식은 배당증가로 배당수익이 늘어나는 것뿐만 아니라 배당정책 개선이 밸류에이션 할인 완화로 이어져 자본차익도 기대될 수 있다고 판단되는 주식군이다(배당정책 개선 기업

KOSPI200 종목의 배당성향 분포(2022년 말 기준)

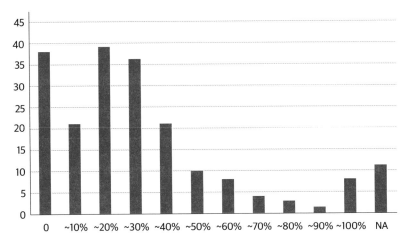

자료: 데이터가이드

군). 2022년 말 기준, KOSPI200에 속한 다수 기업의 배당성향은 40% 이하를 기록하고 있다. 많은 대기업의 배당성향이 개선될 여지가 많음을 알 수 있는 대목이다.

　배당을 실시하지 않은 기업은 LG에너지솔루션, 삼성바이오로직스를 포함한 38개 사, 적자임에도 불구하고 배당을 실시한 기업은 SKC, 호텔신라 등 11개 사였고, 일시적 실적 부진으로 100%가 넘는 배당성향을 기록한 회사는 GS리테일 등 8개 사였다. 배당정책 개선 기업군의 예로는 이번 장에서 언급할 현대차그룹 종목의 예시가 가장 극명할 것 같다.

　업황의 바닥권에 있는 고배당주는 턴어라운드 주식을 선취할 수 있는 기회를 마련해 준다. 어떤 주식이 재무구조가 우량하고 탄탄한 사업

경쟁력이 있는데도 단기적인 업황이 부진하여 주가가 큰 폭 하락한 경우를 생각해 보자. 이런 기업은 분명 주가 하락으로 배당수익률이 높을 것이다. 이러한 때 투자한다면 업황 개선 이전에는 배당수익을 누릴 수 있고, 업황 개선이 본격화되는 시기에는 다른 투자자보다 먼저 자본차익을 누릴 수 있게 된다. 왜냐하면 통상 주가의 바닥이 업황의 바닥보다 선행하므로 대부분의 투자자는 업황의 바닥을 확인하고 주식을 매수하기 때문이다(역사적으로 배당 매력이 높아진 주식). 이번 장에서 POSCO홀딩스를 예시로 설명하겠다.

분기 실적 호전주나 테마주를 투자하는 전략은 그 전략이 맞았을 때의 수익률은 엄청나게 높을 수 있지만, 틀렸을 경우 하방 리스크가 매우 커질 수 있다. 하지만 배당투자는 포트폴리오의 변동성을 낮게 유지하면서도 포트폴리오의 가치를 키워 나가는 방향으로 운용하기 때문에 중·장기적으로 안정적이고 예측 가능한 성과를 낼 수 있는 전략이다.

03 배당투자 예 1
전통적 고배당 기업 - KT&G

고배당주는 배당주를 얘기하면 제일 먼저 떠올리는 대표적인 주식군이다. 통상 고배당주 영역에 속하는 종목은 오래된 기업 업력이 있고 꾸준하고 안정적인 현금창출능력이 있는 기업들이다. 반면에 성장은 다소 정체되어 있는 경우가 많다. 따라서 이런 주식들은 배당수익률만 높다고 샀다가는 자본차익에서 큰 재미를 볼 수 없는 종목일 수 있다. 그렇기에 기업가치 분석을 통해서 저평가된 정도를 확보하고 매수해야 하는 종목군이다.

KT&G를 모르는 독자는 없겠지만 그래도 조금 더 자세히 알아보도록 하자. KT&G가 담배회사인 걸 모르는 사람은 없을 것이다. 한국담배인삼공사 시절부터 수많은 히트 담배를 내놓았고, 수입 담배의 유행이 한 번씩 지나갔음에도 불구하고 동사의 국내 담배 시장 점유율은 65%대에서 유지되고 있다.

KT&G의 매출을 볼 때 주의해야 할 점은 담배가격 인상이다. 우리나라는 1994년 이후 담뱃값을 총 7차례 올렸는데 2004년에는 갑당 2,000원에서 2,500원으로 500원을 올렸고, 2015년에는 2,500원에서 4,500원으로 가장 큰 폭으로 인상하였다. 현재도 이 가격이 유지되고 있는데 2021년 보건복지부에서 인상안을 제시하였으나 현실화되지 않았다. 현재 국내 담배가격은 OECD 평균 1갑당 7.36달러에 비해 엄청나게 낮은 수준이다.

KT&G의 또 다른 사업 부문은 건강기능식품의 강자 한국인삼공사 KGC, Korea Ginseng Corp.이다. 홍삼을 기반으로 한 정관장으로 국내 건강기능식품 시장을 오랫동안 석권한 고수익 사업이다. 건강기능식품의 세분화 및 코로나19로 일시적 면세 수요 부진으로 실적이 예전보다는 둔화되었지만 여전히 연매출 1.3조 원을 기록하고 있다.

KT&G 별도법인은 꾸준히 1조 원 이상의 영업이익을 벌어들이고 있고, KGC의 이익까지 더한 연결 영업이익은 1.2조~1.4조 원을 기록하고 있다. 최근 5년간 KT&G의 수익성이 다소 하락한 이유는 전 세계적으로 유행하는 NGP...(전기담배)에 선투기를 집행했기 때문으로 풀이된다.

KT&G의 영업이익 구성

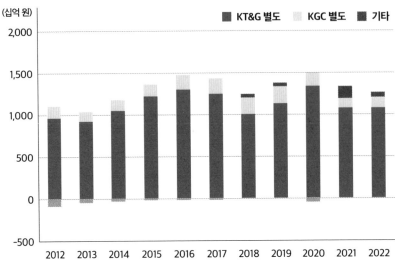

자료: KT&G

KT&G 별도 법인의 내수 일반담배(궐련)와 릴(NGP) 매출

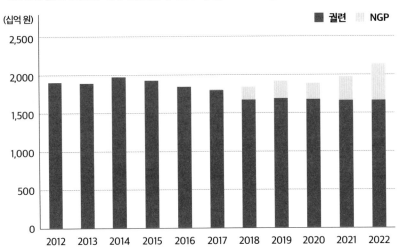

자료: KT&G

KT&G는 기본적으로 배당주의 덕목을 두루 갖추었다. 2010년 이후 KT&G의 배당수익률은 최저 2016년 7월 2.6%에서 2020년 3월 최고 7.1%, 평균 4.5%를 기록하였다. 2022년 말 현재 배당수익률은 5.5%를 기록하여 과거 평균치보다 1%pt 높고 행동주의 펀드에서 요구하는 주당 10,000원을 가정하면 배당수익률은 11%에 달한다. (물론 단숨에 그렇게 올라갈 것이라고 기대하지는 않았고 역시 주주총회에서 통과되지 않았다.)

KT&G의 배당성향은 평균 50% 내외를 기록하다가 2022년에 이익 정체, 배당증가 등의 영향으로 70%대로 상승하였지만 글로벌 담배회사들의 배당성향을 보면 KT&G의 배당성향이 상승할 수 있는 여지가 있

KT&G의 수정주가와 배당수익률

자료: 데이터가이드

다고 볼 수 있다. 2023년 정기주총을 앞두고 KT&G의 경영진은 설비투자 증가를 이유로 들어 행동주의 펀드의 급격한 배당증가 제안에 대해 받아들이기 어렵다는 입장을 표명했다. 그러나 현재의 비교적 낮은 배당성향과 과거 배당이 성장해 온 속도, 안정적인 실적 등을 고려하면 배당은 지속적으로 증가할 것으로 전망된다.

KT&G 배당성향 vs KOSPI 배당성향

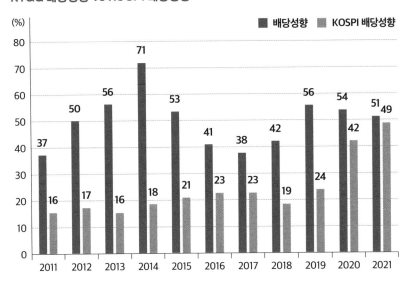

자료: 데이터가이드

글로벌 담배회사의 배당성향 비교

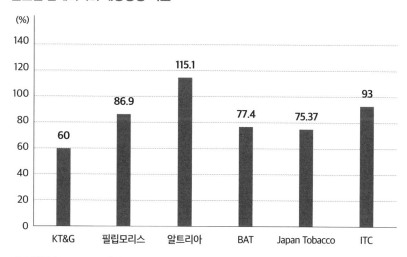

자료: 블룸버그, FY2022 기준

KT&G의 PER는 2010년 5월 최저 7.5배에서 2013년 6월 최대 19.4
배를 기록하였고 평균 13.0배, 현재는 13.7배를 기록하고 있다. PER가
이익 대비 주가의 저평가, 고평가를 나타내는 지표라면 배당수익률은
배당 대비 주식의 저평가, 고평가를 나타내는 지표이다. 그런데 배당수
익률을 역축으로(차트에서 올라갈수록 배당수익률이 낮다는 의미=고평가) 놓고
PER이 배당수익률을 그려 보면 같은 방향으로 움직였다는 것을 알 수
있다. 즉 펀더멘털이 동일하다고 가정했을 때 배당수익률이 높다는 것
은 그 회사의 밸류에이션이 낮다고 볼 수 있다. 역사적 배당수익률이 높
은 수준이고 앞으로도 배당이 나올 수 있는 데다가 역사적 밸류에이션
수준도 낮은 경우에는 매수 고려 대상이 될 수 있다.

KT&G의 PER와 배당수익률

자료: 데이터가이드

    KT&G는 자사주를 꾸준히 매입해 왔다. 2010년에 자사주는 발행 주식수의 7%였는데 2022년 말에는 15.3%로 2배 이상 증가시켰다. 특히 최근 3년 동안 자사주 매입이 가팔라지고 있다는 점이 긍정적이다. KT&G 밸류에이션의 큰 문제는 ROE가 계속 낮아지는데 자사주 소각 등 쓸 수 있는 카드가 있음에도 불구하고 하지 않는다는 점이다. 경영진이 코너에 몰렸을 때 자기에게 유리한 쪽으로 자사주를 매각하여 의결권을 부활시키고 싶어 하는 것이 아닌가 하는 의문이 들 수 있다. 앞으로 소각에 대한 주주의 요구가 거세진다면 동사의 주당 가치는 더욱 상승하며 밸류에이션 저평가 정도가 더욱 확대될 것으로 생각된다.

KT&G의 ROE와 자사주 비율

(%)	2010	2011	2012	2013	2014	2015	2016	2017	2018	2019	2020	2021	2022
ROE	24.2	17.3	14.6	10.9	14.9	17.8	18.4	16.4	11.4	12.3	13.2	10.7	10.0
자사주 비율	7.0	8.4	8.3	8.3	8.3	8.2	8.0	8.0	8.0	7.8	9.6	12.6	15.3

자료: 데이터가이드

이런 회사는 언제 사고 언제 팔아야 할까? 시장에 오해가 생기거나 인기가 하락했을 때는 주가가 하락하고 배당수익률은 상승하게 된다. (배당수익률=배당/주가이기 때문에 주가가 상승하면 배당수익률은 하락하고, 주가가 하락하면 배당수익률은 상승하게 된다.) KT&G 같은 회사는 이익이 매우 안정적이기 때문에 주가가 제자리를 찾아가는 데 시간이 걸릴 뿐 적정 가치로 회귀할 가능성이 매우 높다.

반대로 배당수익률이 역대 최저치를 기록했을 때는 주가가 더 상승할 것으로 전망되더라도 차익 실현에 나서는 것이 리스크 관리에 도움이 된다. 배당수익률이라는 잣대는 주가의 바닥과 꼭지를 정확하게 맞추기는 못한지라도 높은 확률로 근접하게 맞는 답변은 주었던 귀중한 예라고 할 수 있다.

04 배당투자 예 2
매출과 이익이 꾸준히
성장하는 기업
- 네이버, 고려아연

　　필자가 생각하는 배당성장주란 시장평균 이상의 배당수익률을 기록하면서 매출과 이익이 꾸준히 성장하는 기업이다. 시장평균 이상의 배당수익률을 기록하는 경우, 회사가 어느 정도의 궤도에 올라와 있는 경우가 많고 경영진이 주주환원에 대해 인지하고 있다고 보면 된다. '시장평균 이상의 배당수익률'을 특히 강조하고 싶은데, 배당수익률이 0.5%가 되지 않는데도 배당성장주로 꼽히는 경우가 많기 때문이다. 배당수익률이 낮은데도 배당성장주로 분류되는 경우는 이익성장주인 경우가 많고, 배당의 주가 하락방어력은 거의 작동되지 않는다.

● **네이버**

　　네이버는 대표적인 모범 성장주이다. 한국의 인터넷 역사는 네이버와 함께 해 왔다고 해도 과언이 아니기 때문이다.

네이버는 글로벌 ICT 기업으로서 한국 최대 검색포털 네이버를 서비스하고, 계열사에서 모바일 메신저 라인, 동영상 카메라 스노우, 디지털 만화 서비스 네이버웹툰, 메타버스 서비스 제페토 등을 서비스하고 있다. 또한 인공지능, 로보틱스, 모빌리티 등 미래 기술에 대한 지속적인 연구 개발을 통해 기술 플랫폼의 변화와 혁신도 추구하고 있다.

과거 네이버와 한게임이 합병하면서 설립된 NHN은 2013년 8월 네이버 주식회사와 NHN엔터테인먼트(현, NHN)로 분할하였는데 네이버는 분할 이후 9년 동안 연평균 매출 15% 성장, 영업이익 11% 성장세를 보였다. 그런데 네이버를 배당성장주로 분류하고 추천하는 경우가 있는데 주가에 배당이 영향을 많이 줬을까? 성장이 영향을 많이 줬을까?

네이버의 매출 구조

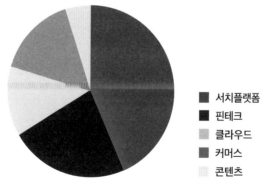

주: 2022년 매출 기준
자료: 네이버 실적 발표 자료

네이버의 매출액 추이

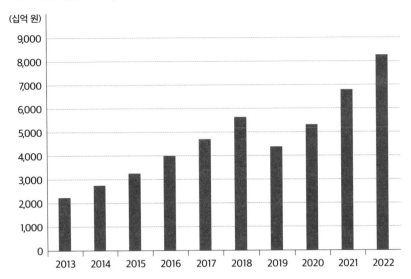

참고. 네이버의 라인사업부는 2020년 분할되어 2021년 일본 소프트뱅크와의 합작회사인 Z홀
딩스로 이관되었다. 2019년 매출에는 2020년 실적과 비교하기 위해 라인사업부 매출이 빠져
있다.

먼저 배당수익률을 살펴보자. 네이버의 배당수익률은 지난 10년간 단 한 번도 0.3%를 넘은 적이 없었고, 평균적으로는 0.16%를 기록하였다. 동 기간 KOSPI 배당수익률은 가장 낮을 때 1.0%, 가장 높을 때 2.2%를 기록하여 네이버 대비 적게는 6배, 많게는 14배 높은 수치를 보였다.

네이버 배당수익률 vs KOSPI 배당수익률

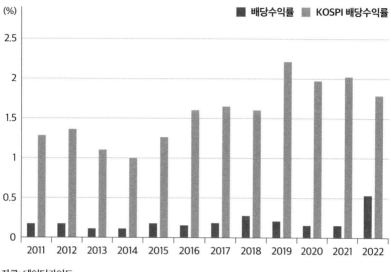

자료: 데이터가이드

벌어들인 이익 중에서 배당으로 지급되는 배당성향의 경우에도 네이버는 평균적으로 5%의 배당성향을 보여 주어 나름대로의 배당정책(=이익의 5%를 배당)을 갖고 있다는 점을 알 수 있다. 같은 기간 KOSPI의 배당성향은 20%대를 유지하다가 40%대로 상승한 바 있다.

네이버 배당성향 vs KOSPI 배당성향

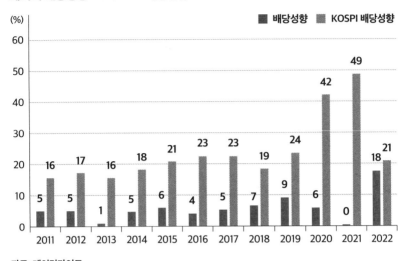

자료: 데이터가이드

네이버의 매출액은 꾸준히 증가되어 왔고 배당성향은 대략 10% 전후로 유지되었다. 그동안 네이버의 이익도 꾸준히 우상향했으므로 배당이 꾸준히 증가되었다. 그러면 네이버가 배당성장주로 분류되어 배당증가가 주가 방향성에 영향을 미쳤는지 알아보자.

네이버 배당증가율 vs 주가상승률

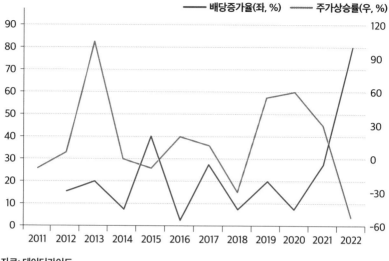

자료: 데이터가이드

위의 그래프에서 보듯 네이버의 주가 상승은 배당증가와 큰 관계가 없었다. 다음 페이지의 그래프에서 확인되듯이 오히려 영업이익의 방향성이 주가의 방향을 결정했다는 것을 알 수 있다. 이러한 점을 고려하면 네이버는 배당성장주가 아니라 (이익)성장주로 분류하는 게 오히려 타당할 것 같다.

네이버 영업이익증가율 vs 주가상승률

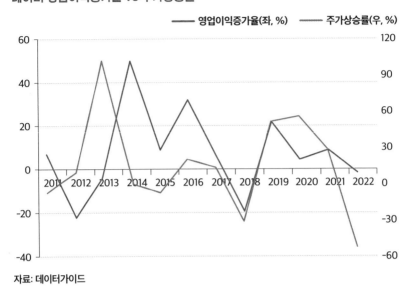

자료: 데이터가이드

　　네이버가 2022년 3분기에 분기배당을 지급한다고 공시하고 예상외의 분기배당을 지급하여 회사의 배당정책이 개선될 것으로 기대하고 있었으나 12월 결산기에는 배당을 지급하지 않아 아쉬웠다. 네이버는 배당금 상향 여력이 충분한데도 불구하고 배당정책이 오락가락하는 모습을 보여서 앞으로 배당성장주로 보기 위해서는 배당성향 상향을 포함한 배당에 대한 의지를 확인하는 것이 필요하다.

　　다른 예를 들어 보자.

● 고려아연

  고려아연의 주요 사업은 아연과 연의 정광精鑛, Concentrate을 사다가 제련하여 아연과 연을 만들어 일정수수료TC: Treatment Charge를 받는 사업이다. 제련업 부산물로 나오는 귀금속(금, 은 등)을 팔아 안정적인 이익을 낸다. 이 회사의 강점은 정광에서 경쟁자보다 많은 금속을 추출할 수 있는 기술력에 있다.

  고려아연과 니르스타Nyrstar의 수익성을 비교해 보자. (세계 1위의 비금속 회사인 글렌코어Glencore 등은 여러 사업부가 섞여 있어서 니르스타를 비교 대상으로

고려아연과 니르스타 비교

매출액

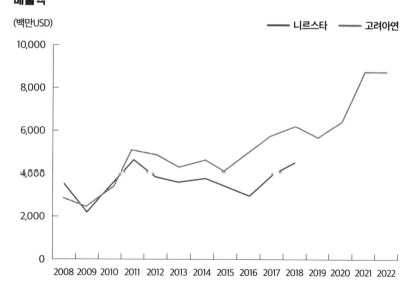

자료: 하이투자증권

EBTIDA

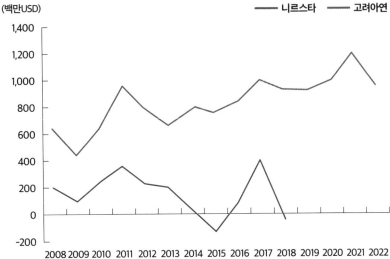

(백만USD)

니르스타 ——— 고려아연

자료: 하이투자증권

EBTIDA 이익률

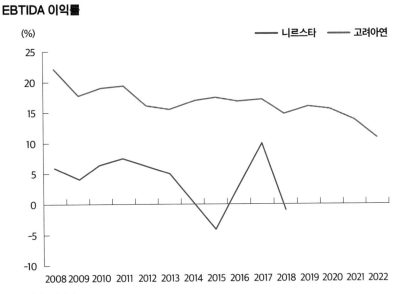

(%)

니르스타 ——— 고려아연

자료: 하이투자증권

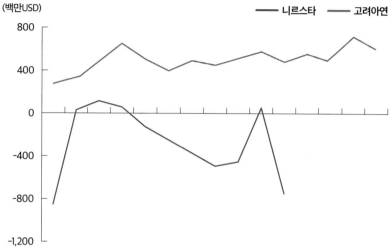

순이익

(백만USD)

━━ 니르스타   ⋯⋯ 고려아연

자료: 하이투자증권

삼았다. 니르스타는 채무 재조정으로 트라피규라Trafigura가 운영자산의 98%를 보유

하게 되어 실적은 2018년까지만 공시되었다.) 양사의 매출액은 비슷한 수준이

었다. 꾸준히 이익을 내왔던 고려아연과 달리 니르스타는 이익 창출 능

력이 부족한 데다 재무구조까지 열악하여 순손실을 지속해 왔고 그 결

과 트라피규라로 피인수되었다.

고려아연의 재무구조와 수익성을 좀 더 자세히 알아보자. 위의 그

래프에서 보듯 고려아연은 현금창출능력이 우수한 회사이다. 영업

활동을 통해 벌어들이는 현금창출능력을 보여 주는 수익성 지표인

EBITDAEarnings Before Interest, Taxes, Depreciation and Amortization(법인세·이자·감가상

각비 차감 전 영업이익)는 지속적으로 증가했는데 이렇게 벌어들인 이익은 차곡차곡 쌓여서 순현금 증가로 이어졌다. 고려아연은 2020년부터 공격적인 투자에 나서며 현금성자산에서 이자지급성 부채를 차감한 순현금이 다소 감소하기는 하였지만 여전히 순현금 1조 원 이상을 유지하고 있다.

고려아연의 재무성과

순차입금

(십억 원, 역계열)

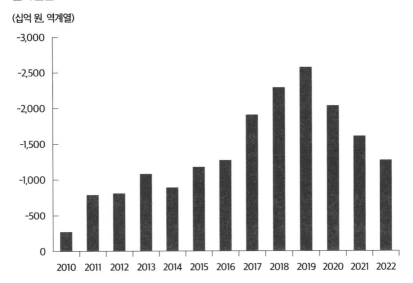

주: 음수이면 순현금. 역계열로 그림
자료: 하이투자증권

Capex 금액

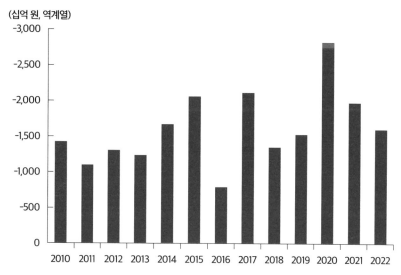

(십억 원, 역계열)

주: 역계열로 그림
자료: 하이투자증권

사업에서의 독보적인 경쟁력을 바탕으로 막대한 현금을 쌓은 뒤, 재투자에 나서며 다시 현금을 만들어 낼 수 있는 자산에 투자하고, 그것이 영원히 반복된다면? 이는 모든 경영자와 주주의 꿈이 아닐 수 없다.

고려아연은 개무 성과를 기반으로 12년 동안 연 19%의 증가율로 주당배당금을 증가시켜 왔는데 이익증가뿐 아니라 배당성향의 개선이라는 2가지가 모두 작용한 결과이다. 고려아연의 배당성향은 2017년까지 30%를 하회하다가 2018년 37%, 2019년 39%에 이어 2020년 들어서는 거의 50%에 가깝게 상승했다.

고려아연의 주당배당금

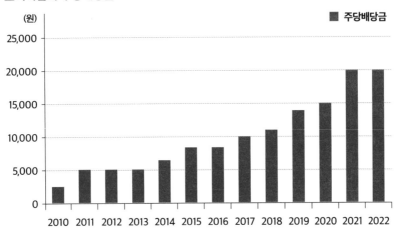

자료: 데이터가이드

고려아연 배당성향 vs KOSPI 배당성향

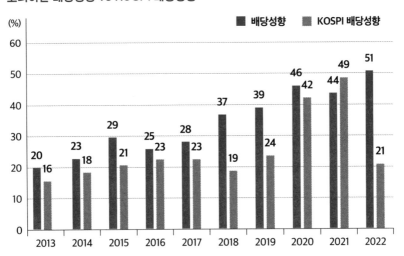

자료: 데이터가이드

고려아연의 배당증가가 어디서 왔는지를 알아보자. 배당증가는 이익의 개선과 배당성향의 개선이라는 2가지로 나눠 볼 수 있는데 고려아연의 경우에는 둘 다 배당이 증가되는 방향으로 나타났음을 알 수 있다. 아래의 배당증가율 분해 그래프를 보면 이익증가와 배당성향 개선 모두 배당을 증가시키는 요소로 작용해 온 것을 확인할 수 있다.

배당 구성 요소

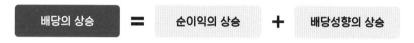

배당증가율 분해

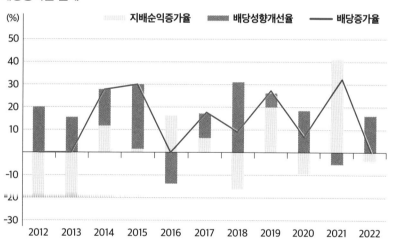

자료: 데이터가이드

앞선 네이버의 예와 동일하게 고려아연 역시 영업이익이 증가할 때 주가가 올랐다. 그런데 고려아연을 네이버와 다르게 배당성장주로 볼 수 있는 근거는 무엇일까?

고려아연의 영업이익증가율과 주가상승률

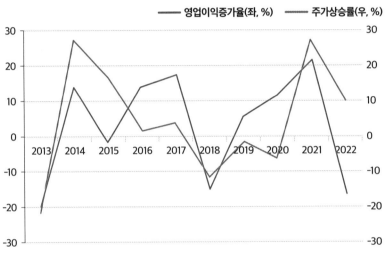

자료: 데이터가이드

네이버와 가장 큰 차이는 배당수익률의 규모이다. 배당을 아무리 증가시켜도 배당수익률이 1%를 넘지 못하는 네이버에 비해, 고려아연의 배당수익률은 2019년 이후 꾸준히 3%를 상회하고 있다. 배당수익률을 기준으로 어느 정도 주가가 하락하게 되면 배당수익률이 상승하게 되므로 배당 매력만으로도 주식을 사려는 매수세가 유입될 수 있다. 안정적이고 높은 배당은 주가 하방을 예상할 수 있게 한다.

네이버와 또 다른 점은 배당성향의 차이이다. 고려아연의 배당성향은 30~50%를 보이는 데 비해 네이버는 일회성 이익과 손실이 순이익에 영향을 크게 미친 2021년과 2022년을 제외하면 배당성향 10% 정도를 유지하고 있다. 배당의 주가 하방 설명력이 떨어지는 부분이다.

고려아연은 2017년부터 주당배당금을 증가시키기 시작했다. 이 배당금 증가세는 2021년까지 이어졌다. 2018년에 들어서면서 배당증가+주가하락으로 배당수익률이 3%를 초과하기 시작했다. 워낙 현금창출력이 좋고 재무구조가 거의 순현금에 가까운 수준이었기에 배당수익률이 상승하는 것은 주식의 저평가 정도가 심화되는 것으로 해석할 수 있다.

고려아연의 수정주가와 배당수익률

자료: 데이터가이드

2020~21년에는 배당수익률 5%를 찍는 날도 있을 정도로 저평가되었던 것이다. 이후 배터리소재사업, 수소사업 등의 기대감에 대주주 지분경쟁설까지 더해지며 주가가 크게 상승하였다. 물론 주가가 상승하면 배당수익률은 하락하므로 배당주 관점에서 단기 관점으로 매력도는 하락한다.

고려아연은 과거의 아연 제련 사업에서 신사업으로 친환경사업을 추가하고 있다. 투자한 자산이 현금회수로 돌아오기까지 시간은 걸리겠으나 배당으로 주주친화정책을 시현하면서도 신사업에 꾸준히 투자하고 있다는 점은 높이 평가할 만하다.

주주가치 측면에서 다소 아쉬운 점은 보유하고 있던 자사주를 소각

고려아연 지분을 변화와 자사주 처분 대상 회사

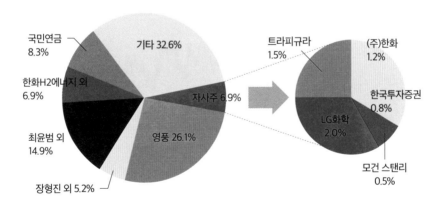

자료: 고려아연, 키움증권

하는 대신, 신사업 추진에 도움이 되는 기업에 매각한 점, 막대한 보유 현금에도 불구하고 3자배정 유상증자를 한화H2에너지, 현대차에 2차례나 실시했다는 점이다. 앞으로 지배구조 관점에서도 개선을 기대해 본다.

05 배당투자 예 3
지속적으로 성장하는 기업
- 리노공업

리노공업은 반도체의 전기적 불량 여부를 체크하는 소모성 부품인 리노핀을 주력 사업으로 하고 있다. IT 부품들이 점점 작아지면서 테스트에 필요한 미세핀의 수요가 증가하고 있으며, 반도체의 이상 유무를 진단하는 IC테스트 소켓은 글로벌 태블릿 PC와 스마트폰의 활황에 따라 비메모리 검사 소모품의 수요가 늘어나면서 지속적인 매출증가 추세가 이어지고 있다. 매출액은 매년 2자리 이상의 성장을 보이는데 수익성은 유지 또는 개선되고 있으며 이익증가만큼 배당도 꾸준히 증가시켜왔다.

리노공업 주요 제품

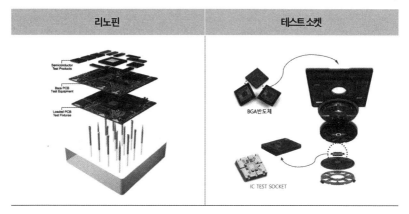

리노핀	테스트소켓

자료: 리노공업 IR자료

리노공업의 매출 추이

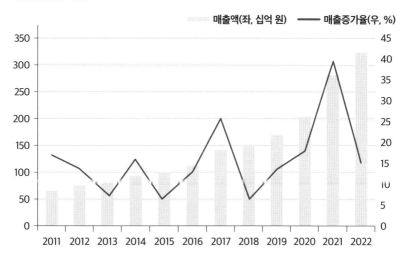

자료: 데이터가이드

리노공업의 분기영업이익과 주가

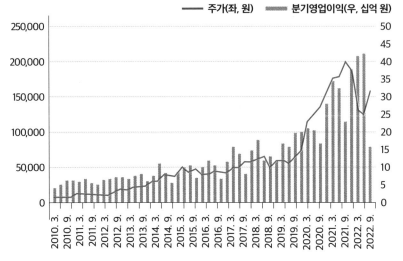

자료: 데이터가이드

　2023년의 시각에서 리노공업이 2010년에 한때 배당수익률 7%를 보였다는 점은 엄청난 충격이다. 글로벌 경쟁력을 갖춘 고성장, 고마진 기업이 저렇게 저렴하게 거래될 때가 있었다는 점이 아직도 놀랍다. 2013~18년에는 매출성장이 다소 둔화된 적도 있었지만 꾸준한 실적에 힘입어 주가는 우상향하였고, 그 결과 배당수익률은 꾸준히 떨어져 2~2.5%대에 안착하였다. 2018~19년에는 반도체 업황 부진으로 주가가 다소 부진하였으나, 2020년 코로나19 이후 IT 수요 급증으로 매출이 큰 폭으로 상승했고, 이에 주가도 급상승했고 배당수익률은 1%대로 하락하였다.

리노공업의 주가와 배당수익률

자료: 데이터가이드

　다른 배당성장주와 달리 리노공업은 아주 오래전부터 주주에 35% 내외의 배당성향을 유지하는 배당정책을 취해 왔다. 그렇기에 단기에 실적 부침이 있다고 하더라도 높은 배당수익률(=낮은 밸류에이션)에 매집할 수 있는 버팀목이 되었던 것이다.

리노공업의 배당성향

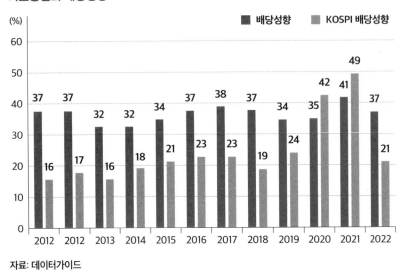

자료: 데이터가이드

　리노공업이 이렇게 배당성향을 꾸준히 유지해 올 수 있었던 비결은 안정적이고 높은 수익성에 있었다고 본다. 매출액은 매년 조금이라도 꾸준히 증가해 왔고, 영업이익률은 평균 35% 이상 유지해 왔으며, 특별히 투자비가 지속적으로 많이 들어가는 사업이 아니었기 때문이다. 또한 꾸준하고 높은 배당성향은 최고경영진이자 최대주주가 소액주주에 대한 예의를 잘 지켜왔음이 확인된 것으로 볼 수 있어 업종 내 밸류에이션 프리미엄도 설명이 된다.

리노공업의 영업이익률

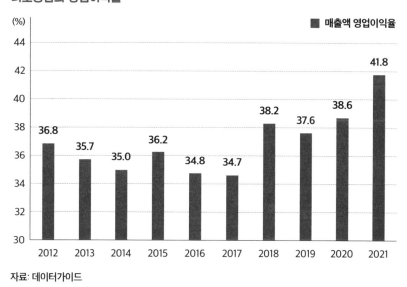

자료: 데이터가이드

주주가 가장 관심이 있어야 하는 ROE(자기자본이익률)를 살펴보자. 2014년까지 20%를 상회하는 ROE를 기록하다가 빠르게 쌓이는 현금의 영향으로 2020년 ROE는 17%대까지 하락하였다. 이후 2021년, 2022년에는 영업이익률이 40% 이상 확대된 영향으로 ROE가 개선되었다.

리노공업의 ROE와 자사주 비율

(%)	2011	2012	2013	2014	2015	2016	2017	2018	2019	2020	2021	2022
ROE	19.6	22.0	20.1	20.9	19.5	18.7	18.8	19.8	18.8	17.4	27.5	25.1
자사주 비율	-	-	-	0.9	0.9	0.9	0.9	0.7	0.4	0.4	0.4	0.4

리노공업의 보유 순현금 규모

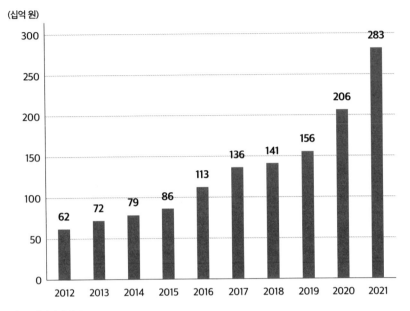

(십억 원)

자료: 데이터가이드

리노공업은 빠른 매출성장, 놀라울 정도로 높은 수익성의 결과로 현금이 급속도로 쌓이게 되었다(2021년 말 기준 자산총액 4,660억 원, 자본총계 4,170억 원인데 순현금 2,830억 원). 설비투자는 그해 영업현금흐름으로도 가능할 정도이기 때문에 앞으로도 현금은 계속 쌓일 것이고 ROE를 고민하는 때가 올 것이라 생각한다.

정말 다행인 점은 최대주주인 이채윤 대표이사가 주주환원에 대해서 꾸준히 고민해 왔다는 점이다. 물론 그가 1950년생으로 고령이고 한국 기업의 고질병인 승계 문제를 어떻게 처리할지가 관건이긴 하나 그동안

소액주주에 대해 예의 있었던 과거 행적을 고려하면 큰 무리 없이 넘어

갈 것으로 기대한다.

리노공업의 재무정책

안정적 경영
- 우량한 재무 구조와 현금성 자산 - 무차입 경영 상태 유지 - 영업이익 및 순이익 증가 - 고부가 가치의 이익 유지

자료: 리노공업 IR 자료

06 배당투자 예 4
배당정책이 개선되는 기업 - 현대차그룹(현대차, 기아, 현대모비스, 현대글로비스)

주요 대기업 중에서 배당정책 개선에 가장 적극적인 현대차그룹을 알아보자. 거의 대부분의 계열사가 배당금 지급을 크게 상향하고 배당 지급제도 개선이나 배당성향 상향에 적극적인 모습을 보여 준다. 배당 성향을 끌어올리고 배당정책 제시를 적극적으로 하는 것뿐 아니라 2022년 주주총회에서 배당금 지급과 관련한 변경 사항을 정관개정에 넣는 등 가장 활발하게 움직이고 있다.

배당의 연속성에서 중요한 2가지는 ① 할 수 있는가(여력이 되는가), ② 할 마음이 있는가(의지가 있는가)이다. 보통 우량한 수출 대기업들은 배당 할 여력은 있지만 적극적으로 할 마음은 비교적 적어 보인다. 그러나 정 의선 회장 취임 이후의 현대차그룹은 전향적으로 배당정책을 개선시켜 왔고 이 부분은 앞으로 시장에서 재평가받을 가능성이 높아 보인다.

1세대 기업의 최고재무관리자CFO의 역할이 자금을 싸게 잘 조달하고 모자라지 않게 하는 것(소위 자금을 구멍 나지 않게 하는 것)에 머물렀다면, 2세대 CFO의 역할은 한 걸음 더 나아가 주주의 자기자본이익률ROE을 끌어올리기 위한 전략적 자본배분으로 그 역할이 확대되고 있다.

현대차그룹의 맏형격인 현대차부터 알아보자.

● 현대차

현대차의 매출은 2020년까지 10년간 연평균 4.5%로 성장하다가 최근 2년간 성장 속도가 빨라졌는데 2021년 13%, 2022년 21% 성장하였다. 2010년 영업이익률 10%를 상회하던 현대차의 영업이익률은 지속적

현대차의 매출과 영업이익률

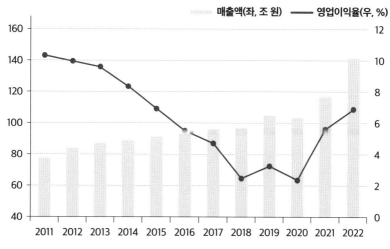

자료: 데이터가이드

으로 하락하여 2018년부터 코로나19 영향을 받은 2020년까지 4%를 하회하기도 하였으나 2021년, 2022년 빠른 매출성장률에 힘입어 6%로 회복하였다.

같은 기간 수익성 악화로 지배주주순이익 역시 부침을 겪었으나 수익성이 저하되는 기간인 2015~20년에도 급박했던 코로나19 시기인 2020년을 제외하고는 배당금을 꾸준히 유지해 왔다. (2020년에는 6월 말 기준으로 지급하던 중간배당지급을 생략하였다.) 그러다가 실적 개선과 동시에 배당을 큰 폭으로 증가시켰다.

현대차의 지배순이익과 배당금

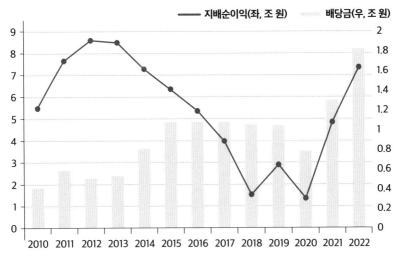

자료: 데이터가이드

실적이 부진한데 배당을 유지하려니 자연히 배당성향이 올라갈 수밖에 없었다. 현대차의 실적이 부진했던 2018~20년의 배당성향은 과거 대비 급등한 평균 54%를 기록하였다. 이전 2010~17년의 평균수준은 13%였으며, 2021~22년의 26% 대비 거의 2~3배 수준이었다.

현대차의 DPS와 배당성향

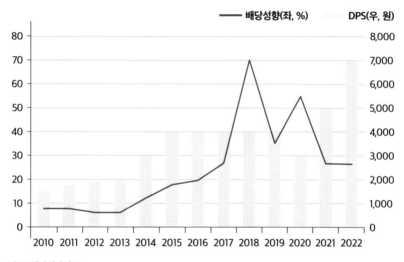

자료: 데이터가이드

배당투자의 관점에서는 실적이 부진함에도 불구하고 배당을 유지하는 것을 어떻게 해석할까? 경제적 해자가 있는 회사의 경우, 1차적으로는 배당성향이 너무 높지 않고 재무구조에 무리되지 않는 상황이라면 높은 배당을 받으면서 실적이 개선되어 주가가 상승하는 것을 기다릴수 있다고 볼 수 있다. 물론 현재 주가가 중·장기 기업가치 대비 얼마나 할인되어 있느냐는 면밀히 검토해야 한다. 실제로 배당수익률이 보통주 기준으로 3.5% 근방을 기록했던 2019~20년에 현대차를 매수했다면 2020~21년에 큰 수익을 거둘 수 있었을 것이다.

현대차의 주가와 배당수익률

자료: 데이터가이드

현대차는 2023년 4월 중·장기 주주환원정책을 발표하였다. 적극적이고 투명한 주주환원정책 확립을 통해 기업가치를 제고할 것이며, 분기배당 실시, 적극적인 자사주 소각 정책을 통해 주주환원을 강화할 것이라고 하였다. 연간 연결 지배주주 순이익의 25% 이상을 배당하겠다는 정책을 구체화하여 기존 잉여현금흐름 기준의 모호함을 배제하였고, 기

현대차의 주주환원정책

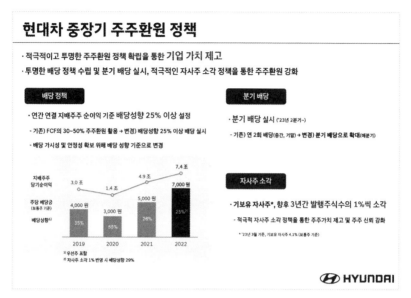

자료: 현대차 IR자료

업가치 제고 측면에서 배당과 자사주 소각을 언급한 것은 매우 긍정적이라고 생각된다.

전동화 시대를 맞이하는 현대차는 배당만 하고 투자를 등한시하는 것은 아닐까 하는 우려가 있을 수 있다. 그러나 현대차는 저수익 모델 단종, 제네시스를 중심에 둔 프리미엄 브랜드화 전략으로 수익성 향상만 추구하는 것이 아니라 미래를 위한 투자를 지속해 나가고 있다.

기존 국내외 공장의 전기차 공장 전환에 이어 2024년에는 국내 첫 전기차 전용공장 착공에 들어갈 예정이다. 국내 첫 전기차 전용공장에서는 2025년 하반기부터 차세대 전기차 플랫폼 'eM' 기반 전기차 양산, 목적 기반 차량PBV 전동화 전진기지의 역할을 할 것으로 전망되며 2030년 세계 전기차 '톱3' 도약을 꾀한다는 성장전략 역시 충실히 수행 중이다.

● **기아**

회사명을 기아차에서 변경한 기아를 알아보자. 기아의 실적은 현대차보다도 드라마틱한데 매출증가 속도가 현대차보다 빨랐을 뿐 아니라 수익성도 급격하게 개선되었다. 수익성이 좋은 대형승용+SUV차종 비중이 현대차를 상회하여 2019년부터는 현대차 영업이익률을 상회하게

기아의 매출과 영업이익률

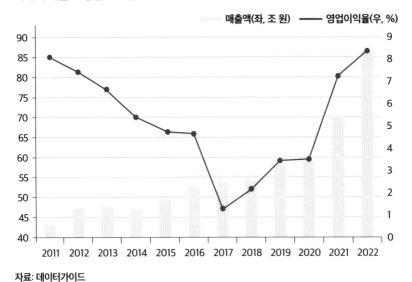

자료: 데이터가이드

현대차와 기아의 영업이익률

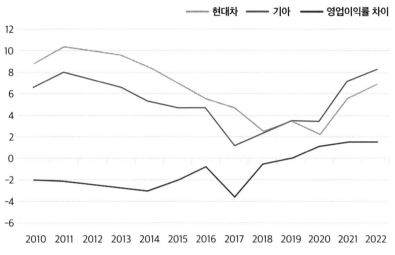

자료: 데이터가이드

현대차 도매 판매 믹스별 & 비중

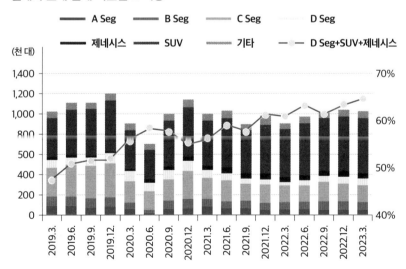

자료: 현대차, 신영증권

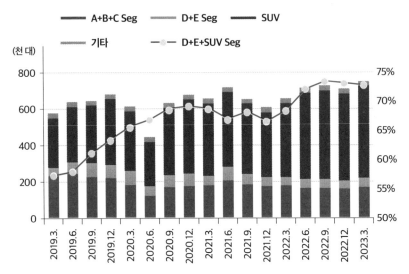

기아차 중국 제외 도매 판매 믹스별 판매 & 비중

자료: 기아, 신영증권

되었다. 수익성 좋은 차종의 비중은 2023년 1분기 기준 현대차 65%, 기아 73%로 기아가 더 높다.

그 결과 2014~20년 주당 1,000원 수준이었던 기아의 배당은 2021년 3,000원, 2022년 3,500원으로 급증하게 되었다. 물론 앞서 언급한 여러 회사와 마찬가지로 배당성향이 10%대 중반 수준에서 25%로 상승하게 된 것도 중요한 요소이다.

기아의 주가는 실적 개선과 궤를 같이 하여 2021년 큰 폭으로 상승했고, 2022년 배당증가에도 불구하고 경기 둔화에 따른 실적 악화 우려로 2022년에는 주가의 조정세가 나타났다. 하지만 배당수익률은 오히

기아의 배당과 배당성향

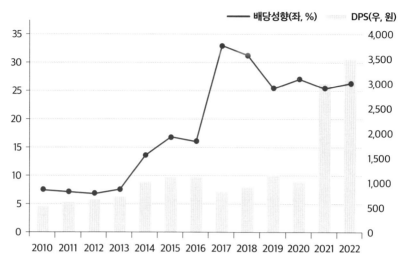

자료: 데이터가이드

려 6% 근처까지 상승하여 배당주 관점에서는 매력적인 수준을 나타내게 되었다. 기아의 실적이 '앞으로도 크게 하락하지 않고 오히려 점진적으로 개선될 가능성이 있다.'라고 본다면 배당은 어떻게 될까?

배당성향 25%는 여러 모로 낮은 수준이므로 배당성향이 올라가거나, 자사주를 매입해서 소각하는 등이 주주환원율이 올라갈 것을 기대해 본다. 주가 역시 이러한 주주환원율 개선을 점차 반영해 나갈 수 있을 것이다.

기아의 주가와 배당수익률

자료: 데이터가이드

● 현대모비스

현대모비스는 전동화사업부를 포함한 모듈 및 핵심부품 사업과 AS 사업을 영위하고 있다. 최근 5년간 매출성장은 전동화사업이 견인하고 있는데 현대차·기아 전기차에 배터리 모듈, 팩, 전력제어를 통합한 BSA_{Battery System Assembly}를 주요 사업으로 하고 있다. 전동화 매출은 2018년 전사 매출의 5% 수준에서 2022년에는 전사 매출의 약 20%까지 급증하였다.

매출의 급격한 상승에도 불구하고 전사 수익성은 지속적으로 하락하

는 모습을 보였는데 주로 전동화사업부와 핵심부품 사업에 대한 R&D
를 포함한 선투자 비용의 영향이 컸다. 현대차·기아 전기차 사업의 흑자
전환이 가시권에 들어옴에 따라 현대모비스의 전동화 부품 사업의 수익
성도 개선되며 전사 수익성 개선도 가능할 것이다.

현대모비스의 매출액과 영업이익률

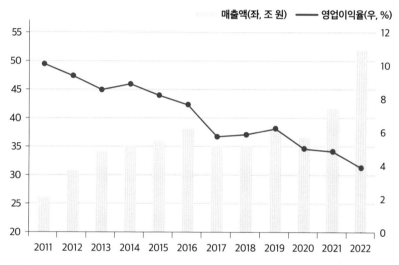

자료: 데이터가이드

현대모비스의 전동화 매출과 전사 매출 비중

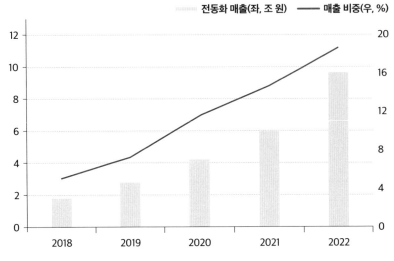

자료: 현대모비스, 삼성증권

　현대모비스는 배당을 적극적으로 늘려 온 현대차, 기아와 달리 전동
화사업 선투자비용 지출에 중국 사업 부진에 따른 현지법인 손상차손
인식 등으로 수익성이 악화되어 배당을 늘리지 못했다. 대신 자사주 매
입, 소각을 지속하는 모습이다.

현대모비스의 지배주주순이익과 배당금

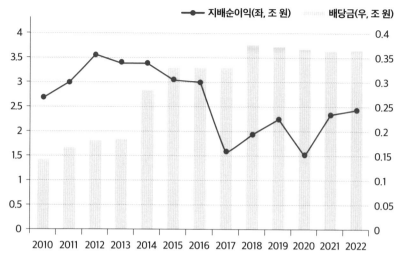

자료: 데이터가이드

현대모비스의 주주환원정책

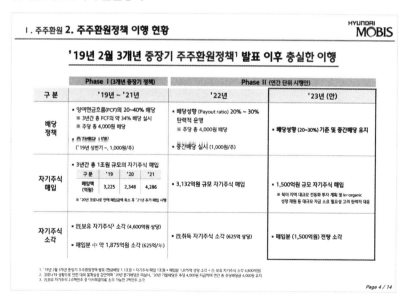

자료: 현대모비스 IR자료

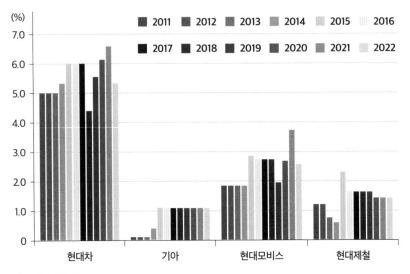

현대차그룹 주요 계열사의 연도별 자사주 현황

(%)

| 2011 | 2012 | 2013 | 2014 | 2015 | 2016 |
| 2017 | 2018 | 2019 | 2020 | 2021 | 2022 |

현대차 　 기아 　 현대모비스 　 현대제철

자료: 데이터가이드

　현대차 그룹의 주요 그룹사의 자사주 현황을 알아보자. 순차입금 부담이 비교적 큰 현대제철을 제외하고 자사주 비중이 큰 폭으로 감소한 것은 모두 소각 효과이다. (물론 소소하게 임직원 상여로 지급되기도 하였다.) 자사주 소각에서 가장 적극적인 회사는 현대모비스로 지난 10년간 6번 자사주를 소각했고, 총 소각 규모는 약 9,700억 원에 달한다. 현대모비스는 2023년에도 1,500억 원의 자사주를 매입한 뒤 전량 소각하였다. 배당을 크게 늘리지 못하는 상황에서 자사주 소각을 선택한 것으로 해석할 수 있다.

　현대차그룹은 기아 → 현대모비스 → 현대차 → 기아로 이어지는 순환출자 구조를 갖고 있는데 정의선 회장의 지분율은 현대차(2.6%), 기아(1.7%), 현대모비스(0.3%)로 지분이 거의 없는 상태이다. 특히 지주사로 여겨지는 현대모비스의 지분이 유난히 낮아서 자사주 매입 소각을 하는 것일 수도 있겠다는 생각이 든다.

현재 전동화 투자 시기에 있는 현대모비스는 현대차, 기아에 비해 당분간 배당할 여력은 높지 않아 보인다. 그러나 투자 회수기에 진입하여 다시 안정적인 이익을 보여 줄 수 있다면 전체적인 그룹사의 주주환원 강화 방향성을 고려했을 때 현대모비스의 배당은 큰 폭으로 성장할 수 있을 것으로 기대한다.

● **현대글로비스**

현대글로비스는 현대자동차 그룹의 물류 통합에 따른 효율성 추구를 위하여 2001년 설립된 회사이다. 이후 자동차 전문 물류기업으로 성장을 거듭하였으며, 2005년 유가증권시장에 상장되었다. 주요 사업은 역시 국내외 현대차·기아 자동차의 운송 및 해외 자동차 공장으로 반제품 CKD: Complete Knock Down을 판매하는 것이다. 현대차·기아 자동차가 개발도상국에 진출할 때 반제품을 이용한 이유는 완성차 수출 대비 관세가 저렴하고 노동 비용을 아낄 수 있으며, 해당 국가에서는 공업화와 일자리가 창출되기 때문이었다.

현대글로비스의 CKD 사업

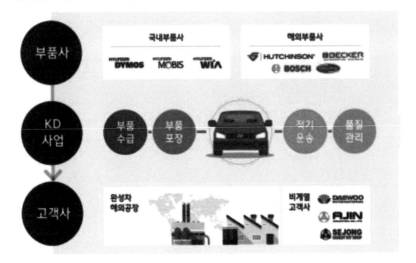

자료: 현대글로비스

　현대글로비스는 2000년대에는 고성장주로 분류되며 시장에서 높은 밸류에이션을 부여받았다. 현대차·기아의 해외 공장 증설에 따라 폭발적으로 늘어나던 반제품CKD 매출에다 당시 지분 승계 문제가 부각되며 대주주의 자제인 정의선 현 현대차그룹 회장이 직접 보유하고 있다는 점이 부각됐는데, 지분 승계라는 요소를 고려할 때 현대글로비스의 주가가 높은 것이 정의선 회장에게 유리할 것이라는 기대 때문이었다.

현대글로비스 상장 초기의 매출성장률과 PER

(%, 배)	2005	2006	2007	2008
매출증가율	101.1	23.1	31.3	25.7
PER	22.7	15.7	29.2	14.9

자료: 데이터가이드

현대글로비스의 매출성장 속도는 2013년부터 확연히 감속하기 시작하여 한 자릿수로 하락하였다. 그 시기를 전후하여 DPS의 상향이 나타나기 시작했고 역시나 현금흐름도 개선세를 보이기 시작했다. 이익개선과 주당배당금의 상승에도 불구하고 배당성향은 여전히 20~30%에 머

현대글로비스의 EBITDA와 DPS

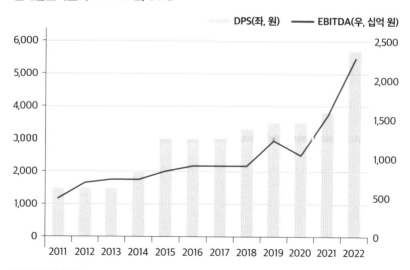

자료: 데이터가이드

현대글로비스의 DPS와 배당성향

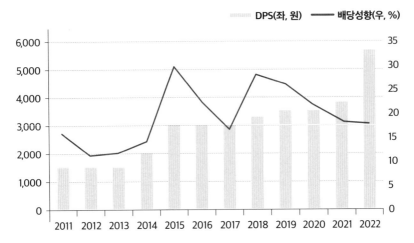

자료: 데이터가이드

물러 있고 재무구조 역시 양호하기에 신규 사업에 투자하더라도 부담이 없는 상황이다.

현대글로비스는 신사업으로 스마트물류솔루션, 배터리원자재사업, 배터리재활용사업, 중고차사업 등을 추진하고 있는데 아직까지 투자가 본격적으로 들어가고 있지는 않다. 이미 기존 사업의 수익성을 바탕으로 일정 규모의 현금창출능력이 확보된 상황이기 때문에 신규 사업에 대한 투자를 하더라도 배당을 줄일 가능성은 낮아 보인다.

현대글로비스의 스마트물류솔루션 예시

자료: 현대글로비스

현대글로비스의 배터리재활용사업

자료: 현대글로비스

그룹사 주요 계열사의 주주환원정책이 강화되고 있는 것을 고려했을 때 중·장기적으로 현대글로비스도 그 추세에 동참할 것으로 예상된다. 투자를 통해 신규 사업의 매출액을 붙여 가며 배당도 동반 상승하는 모습을 기대해 본다.

07 배당투자 예 5
역사적으로 배당 매력이
높은 기업
- POSCO홀딩스

POSCO홀딩스는 1968년 초 대일對日 청구권 자금 전용 및 일본 철강사의 기술을 바탕으로 설립되어 1973년부터 철강재를 생산하기 시작한 포항제철소를 모태로 하는 복합기업이다. 1988년 국민주 형태로 상장되었고, 2000년에는 산업은행 보유 지분이 모두 매각되어 민영화되었다. 포항제철소, 광양제철소 등의 일관제철소에서 고품질의 철강재를 생산해 내며 세계 4위의 조강생산력을 보유하고 있다.

주요 자회사로 2차전지소재를 만드는 포스코퓨처엠, 기존 종합상사 비즈니스 외에 배터리 원재료 조달, 친환경 비즈니스 등으로 사업을 확장하는 포스코인터내셔널 등을 두고 있다. 최근에는 리튬광산을 포함한 전방위적인 2차전지 밸류체인을 강화하고 있다.

주식시장에 진입한 지 얼마 안 된 신규 투자자들에게 POSCO홀딩스는 2차전지 밸류체인의 수직계열화를 이룬 대표적인 회사로 인식되고 있다. 그러나 불과 3~4년 전만 하더라도 POSCO홀딩스는 철강 제품의 수요와 가격에 민감하게 반응하는 경기관련주로 취급되었다.

아래의 그래프를 보면 2015년, 2020년 모두 분기실적이 바닥을 찍고 돌아서기 전에 주가가 먼저 바닥을 형성한 것을 알 수 있다. 2022년에는 일시적 침수 피해로 분기 적자를 기록하여 예외적인 기간으로 볼 수 있다. 오히려 그 시기를 바닥으로 실적 개선세와 보유 리튬사업에 대한 가치가 부각되며 주가가 큰 폭으로 상승하였다.

POSCO홀딩스의 분기영업이익과 주가

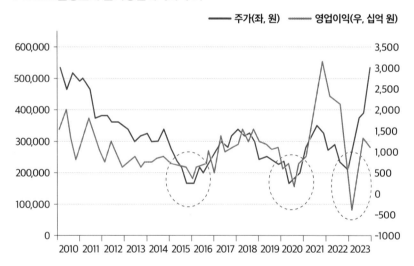

자료: 데이터가이드

경기에 따라 실적과 주가가 큰 폭으로 변동하는 소위 경기관련주에 투자하기란 여간 어려운 일이 아니다. 경기관련주는 사이클에 따라 실적의 변동성이 크기 때문에 보통은 이익이 부진하여 PER가 높을 때 사서 실적이 개선되어 PER가 낮아질 때 파는 것을 원칙으로 한다. PER로 바닥권과 천정권을 알기가 거의 불가능하기 때문에 경기관련주에 투자할 때는 많은 투자자가 순자산가치를 기준으로 주가의 고평가, 저평가를 가늠하는 PBR를 많이 사용한다.

그런데 우리나라 기업들의 자기자본이익률이 점점 낮아지고 있어 과거의 PBR 밴드가 점점 맞지 않게 되었다. 그렇기에 양호한 재무구조를 갖고 있고 배당에 대한 의지가 강한 기업의 경우 배당수익률을 기준으로 주가의 바닥을 가늠해 볼 수 있다. 다음 페이지의 그래프에서 화살표 구간은 철강 업황이 둔화되어 이익이 부진한 시기였고 주가 역시 하락세를 이어갔다. 반면 재무구조가 탄탄한 데다 주당배당금은 유지되고 있었기에 주가가 하락하는 동안 배당수익률은 상승하게 되어 배당 매력은 올라가는 시기였다.

배당수익률이 4% 후반에 달했던 2015년과 2020년, 2020년의 배당 감소분을 만회하고도 호실적을 바탕으로 배당증가된 2021년, 일시적으로 손실이 나서 주가도 약세를 보였던 2022년 모두 다른 지표 대비 배당수익률로 주가 수준을 가늠하는 것이 투자의 정확도가 높았던 시기라고 볼 수 있겠다.

POSCO홀딩스의 주가와 배당수익률

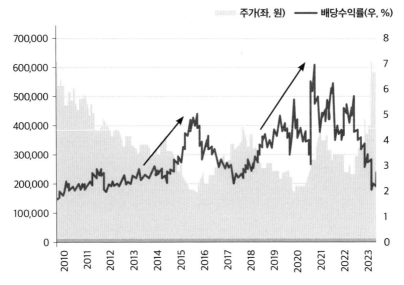

자료: 데이터가이드

　지주회사 전환 후 POSCO홀딩스는 신규 사업에 더욱 적극적으로 뛰어들고 있다. 회사가 전망한 대로 신규 사업에서 소기의 성과를 거둔다면 이익과 주주환원 역시 강화될 것으로 전망된다. 그러나 언제나 기억해야 할 것은 주가의 저평가, 고평가 여부이다. 투자자라면 자신만의 기준을 세우고 꾸준히 유지할 필요가 있다.

POSCO그룹의 미래 방향성

자료: POSCO홀딩스

POSCO그룹의 2030년 2차전지 사업 목표

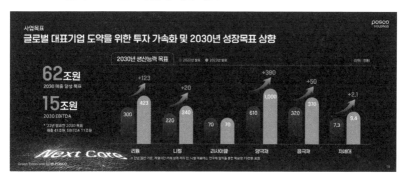

자료: POSCO홀딩스

08 배당투자 예 6
배당정책이 뚜렷하지 않은 기업 - 금호석유

배당의 지속성과 가시성이 주가의 하방을 지지한다. 그런데 실적이 좋은 해에는 배당을 급증시켰다가 실적이 나쁜 해에는 배당을 급감시키면 배당을 기준으로 투자하기가 매우 곤란하다. 왜냐하면 주가가 하락하면 배당수익률(배당금/주가)은 올라가는데, 어느 정도 이상의 배당수익률은 주가가 저평가되었다는 신호로 이해되므로 주가가 계속 하락하기보다는 배당금을 받으면서 저평가가 해소되기를 기다리는 투자자들이 매수해 들어와서 하락을 멈추기 때문이다.

그러나 실적에 따라서 배당금이 급변하는 경우에는 주당배당금과 배당수익률이 바닥이나 꼭지를 예상하는 데 크게 도움이 되지 않는다. 특히 배당의 경우는 앞서 언급했듯이 이익의 변동성보다는 배당의 변동성이 낮고 배당을 한 번 증가시키면 유지하려는 속성이 있기 때문에 배당을 주가 저평가의 척도로 보기도 한다. 그런데 금호석유는 배당정책이 뚜렷하지 않아 배당을 기준으로 저평가, 고평가 정도를 가늠해 보는 것이 거의 불가능하다.

금호석유는 합성고무, 합성수지, 정밀화학, 에너지 등의 사업을 운영하는 석유화학기업이다. 타이어의 원료로 들어가는 SBR/BR를 주요 품목으로 하는 합성고무, 자동차·가전제품에 주로 쓰이는 ABS가 대표 품목인 합성수지가 주요 매출 품목이다.

금호석유화학의 매출과 영업이익

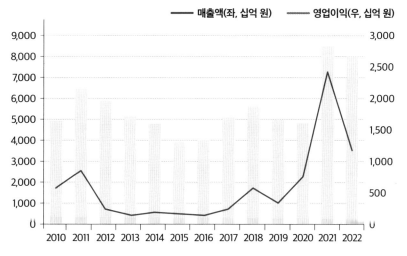

자료: 데이터가이드

금호석유의 DPS, 영업이익증가율, 배당성향

(원, %)	2011	2012	2013	2014	2015	2016	2017	2018	2019	2020	2021	2022
DPS	2,000	2,000	1,500	1,500	800	800	1,000	1,350	1,500	4,200	10,000	5,400
DPS 증가율	100.0	0.0	-25.0	0.0	-46.7	0.0	25.0	35.0	11.1	180.0	138.1	-46.0
영업이익 증가율	49.7	-73.3	-40.0	37.7	-11.3	-4.2	67.2	111.2	-34.1	103.1	224.3	-52.3
배당성향	11.1	43.2	N/A	45.1	18.9	30.2	12.8	7.5	13.9	19.9	14.3	14.3

자료: 데이터가이드

위 표만 가지고는 금호석유의 배당정책을 유추해 내기가 매우 어렵다. 배당성향을 기준으로 하는 것도 아니고 절대 주당배당금 액수를 기준으로 하는 것도 아니기 때문이다. 앞서 좋은 배당정책에 일관성, 지속성, 소통의 용이성을 언급한 바 있다. 금호석유는 2020년 배당을 급격히 증가시켰는데 전년 대비 영업이익이 배 이상 증가했기 때문이기도 하고, 정기주총을 앞둔 2021년 1월에 박찬구 회장의 조카 박철완 상무가 주당배당금 대폭 확대를 포함한 주주 제안을 하였는데 주총 표 대결로 인식한 회사에서 배당금을 전격 상향한 영향도 있었던 것으로 풀이된다. 이때를 기점으로 DPS 추정치가 가파르게 상향되었고 EPS 추정치와 주가 역시 상승세를 보였다.

2021년 3월 정기주총에서는 박철완 상무의 주주 제안은 받아들여지지 않았다. 2021년 주총에서 박철완 상무 측은 주당배당금 보통주

금호석유의 2021년 EPS 추정치와 DPS 추정치 컨센서스 변화

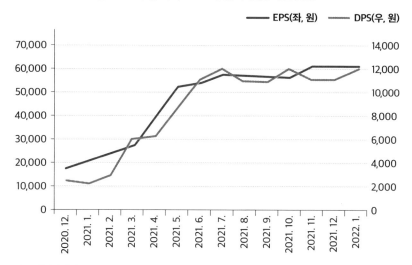

자료: 데이터가이드

11,000원, 우선주 11,050원을 제안하였는데 결과적으로는 향후 회사의 성장성에 초점을 맞춘 회사 측 안건에 대비하여 다른 주주의 공감대 형성에 실패하였다. 특히 글로벌 최대 의결권 자문기관인 ISS_{International Shareholder Services}에서도 회사 측 제안에 모두 찬성 의견을 밝혔다. 그런데 이는 외국 투자자는 고액 배당을 강요하고 먹튀한다고 매도하는 일부의 선동적 주장에 대치된다.

금호석유의 2022년 EPS 추정치와 DPS 추정치 컨센서스 변화

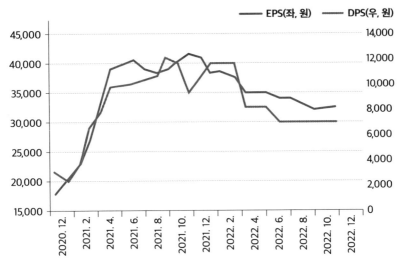

자료: 데이터가이드

　2022년 3월 주총에서도 2021년 배당은 증가되었다. 영업이익이 2배 이상 증가하였고, 박철완 상무의 주주 제안이 지속되었기 때문이다. 그러나 화학 시황은 2021년 상반기를 지나 2021년 하반기에 접어들면서 둔화되기 시작했고, 배당 추정치도 동반 하락하기 시작했다. 2022년 실적은 전년 대비 반 토막이 났고 배당성향은 14.3%로 유지되었으나 주당배당금 역시 반 토막 가까이로 하락했다.

　보통 해당 연도 배당을 예상할 때 배당의 상대적인 하방경직성을 고려하여 전년 대비 비슷하거나 약간 증가, 감소를 생각한다. 금호석유의 경우 컨센서스의 변화를 빠르게 업데이트하지 않았다면 2022년 배당감소에 대해서 예상하지 못했을 수도 있다. 만약 DPS 컨센서스의 변화를 알아채지 못했다면 어떤 일이 벌어졌을까?

2022년 6월부터 빠르게 화학 시황이 하강하면서 주가가 하락하였는데 DPS가 유지된다고 했을 때는 오히려 배당수익률은 상승하게 된다. 2022년 9월 말 주가 기준으로 배당수익률은 약 9% 수준까지 상승하게 되었는데 컨센서스 기준으로는 5% 수준이라 당시 다른 회사들 대비해서 월등히 높지는 않은 상황이었다. 따라서 안전마진으로 생각했던 배당을 확보하지 못해 주가의 하방을 충분히 확보하지 못하게 될 수도 있다.

소위 '조카의 난' 이후, 금호석유에서는 보다 주주 친화적인 모습을 보여 주려고 애쓰고 있다. 회사 홈페이지가 대폭 개편되었고, IR자료에

금호석유화학의 주주 구성

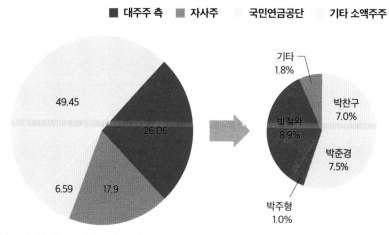

자료: 전자공시(2022년 말 사업보고서)

서는 분기실적 설명 자료뿐 아니라 주주총회 안건을 설명하는 자료까지 볼 수 있다. 향후 회사의 주주친화 행보에 관심을 가질 만한 대목이다.

금호석유화학의 주주친화정책

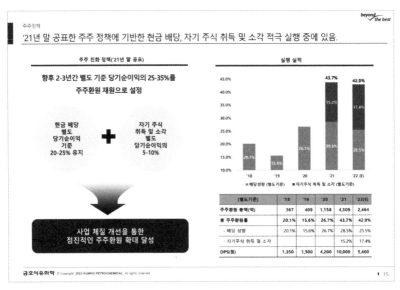

자료: 금호석유 IR자료

09 배당투자 예 7
기업분할 시 배당정책이
바뀐 기업 – 효성

기업이 분할을 하고 나면 배당정책이 종종 바뀐다. 배당을 지급하려면 배당을 지급할 수 있는 재원이 필요하기 때문인데, 그 배당 재원은 보통 이익잉여금, 쉽게 말해 그동안 벌어 놨던 돈이다. 어떤 기업이 분할할 때 기존 법인과 신설 법인 사이에 자산, 부채, 자본의 비율을 회사가 임의로 정하는 경우가 많고, 특히 배당 재원이 얼마나 있는지 확인할 수 있는 자본 항목에 대해서 소액주주의 입장에서는 매우 알기 어렵다.(그동안 배당을 잘 지급했던 기업이 분할하는 경우 회사 IR팀에 배당 재원 관련 질문은 빼먹지 않고 했는데, 회사 직원들도 잘 모르는 경우가 많았다.)

효성의 예를 들어 보자. 효성은 2018년 6월 1일을 분할기일로 하여 분할존속회사인 효성과 분할신설법인인 효성티앤씨, 효성중공업, 효성첨단소재, 효성화학으로 분할되었다.

효성의 분할 개요

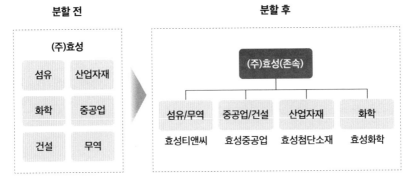

자료: 하나금융투자

효성은 분할 전 실적이 개선되고 있었고, 그에 발맞추어 배당이 상승하고 있었는데 2014년부터 2016년까지 주당배당금이 무려 5배나 상승하였다. 2013년에는 적자를 기록하였음에도 주당배당금은 유지하였으며, 2014년 배당 상향 서프라이즈가 2015년 2월에 발표됐을 때 주가가 급상승세를 보였고, 분할하는 2018년 6월 이전까지 배당수익률은 대체적으로 3~4% 수준을 유지하였다.

효성의 주가와 배당, 배당수익률(분할 전)

(원, %)	2010	2011	2012	2013	2014	2015	2016	2017
주가	106,000	53,600	73,600	70,300	68,400	117,500	145,500	139,500
DPS	1,250	1,000	1,000	1,000	2,000	3,500	5,000	5,000
배당수익률	1.2	1.9	1.4	1.4	2.9	3.0	3.4	3.6

자료: 데이터가이드

효성의 배당수익률과 주가(분할 전)

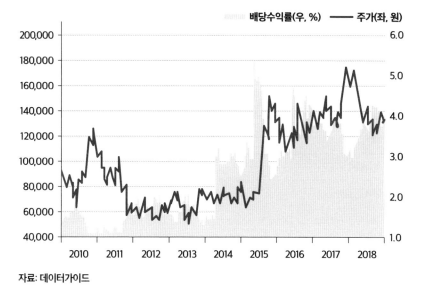

자료: 데이터가이드

2018년 분할 이후 기말 배당을 전망했을 때, 효성 각 상장사의 배당 가능이익을 기반으로 배당금을 추정하기란 매우 어려웠다. 분할 직전 효성의 재무상태표를 보면, 배당재원이 되는 이익잉여금이 충분한 것을 확인할 수 있었고, 분할 이후의 배당정책에 대해서는 일정 부분 회사의 선의에 기대를 했던 것도 사실이다. 결과적으로 분할 후 효성의 합산 배당금 총액은 분할 전보다 감소하였다. 돌이켜 보면 재무제표가 말해 주는 것을 제대로 읽지 못해서 배당이 감소할 것이라는 점을 알아차리지 못했던 점이 매우 아쉽다.

효성 분할 전후의 재무상태표 중 자본 항목

(십억 원)	효성	중공업	첨단소재	티앤씨	화학	계
	2017년 말	2018년 3분기 말				
자본						
지배기업의 소유주에게 귀속되는 자본	3,653.5	1,737.0	910.7	406.7	402.4	373.9	3,830.8
자본금	175.6	60.0	46.6	22.4	31.6	16.0	175.6
주식발행초과금	130.8	51.4	908.7	428.4	402.8	327.7	2,119.0
잉여금(결손금)	3,443.2	2,333.4	2.2	2.7	11.8	25.7	3,445.1
기타자본구성요소	203.9	-4,452.4	-52.9	41.3	36.8	4.6	-4,578.9
비지배지분	209.8	260.9	0.2	83.7	80.4	-	425.1
자본총계	3,863.3	1,997.9	910.9	490.4	482.8	373.9	4,255.9
자본과부채총계	14,535.0	5,832.2	3,314.0	2,537.3	3,300.5	1,667.9	16,651.9

자료: 전자공시

통상 오래된 기업의 경우 대차대조표에서 자본의 숫자는 크게 변동하지 않는다. 자본금은 1,756억 원으로 유지, 자본총계는 2017년 말 3.9조 원, 2018년 3분기 말 분할 전후에 4.25조 원으로 증가했는데 그 구성비가 크게 변했음을 알 수 있다. 사업자회사들의 경우 신설회사이기 때문에 이익잉여금은 거의 없고 대부분의 자본이 주식발행초과금으로 구성된다. 누적된 이익이 없기 때문에 당연히 배당재원이 없을 수밖에 없는 것이다. 주식발행초과금을 이익잉여금으로 전입하여 배당을 시도할 수도 있었을 텐데 배당에 대해서 회사의 배려가 없었던 것이 아쉽다.

효성의 배당금 추이

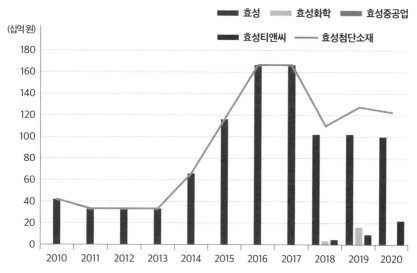

주: 효성의 2017년까지 배당금은 분할 전 기준, 2018년부터는 현재 지주회사 기준
자료: 데이터가이드

분할 이후 2019년 1분기 재무현황을 보면 지주회사는 부채비율이 양호한 데 비해 4개의 사업자회사는 부채비율이 상당하다. 여기서도 당분간 신규 상장법인들의 배당 여력이 크지 않음을 유추해 볼 수 있다.

분할 이후 각 사의 배당정책은 어떻게 되었을까? 지주회사인 효성은 고배당정책을 유지하고 있다. 자체 사업과 비상장 자회사로부터 유입되는 이익과 배당금, 보유 상장 자회사들로부터 받는 브랜드 로열티와 배당금 등으로 효성 지주회사 자체의 배당금 규모는 비교적 안정적으로 유지되고 있다.

효성의 주요 재무지표

(십억 원, 배, %)	매출액	영업이익	차입부채/ EBITDA	배당금	배당수익률
2018	3,002	155	5.3	102	10.0
2019	3,176	202	8.7	102	6.3
2020	2,596	137	3.9	100	6.5
2021	3,537	638	1.7	129	6.9
2022	3,719	65	8.1	90	6.7

자료: 데이터가이드

그런데 분할 상장한 계열사의 배당금은 들쭉날쭉한 모습을 보였다. 주식시장에서는 지주회사인 (주)효성이 원하는 배당금 총액이 있을 것으로 추정하고 계열사별 당해 연도의 수익성의 변동에 따라 배당금이 변한다고 가정하는 듯하다.

효성티앤씨의 주요 재무지표

(십억 원, 배, %)	매출액	영업이익	차입부채/EBITDA	배당금	배당수익률
2018	3,359	125	8.3	4	0.5
2019	5,983	323	3.5	9	1.3
2020	5,162	267	2.9	22	2.4
2021	8,596	1,424	0.8	216	9.6
2022	8,883	124	4.5	43	2.9

자료: 데이터가이드

글로벌 스판덱스 1위의 사업자 위치를 고려하여 분할 이후 안정적인 수익성을 바탕으로 배당을 많이 줄 것으로 기대했던 효성티앤씨는 미·중 무역분쟁, 코로나19 등으로 과거 대비 수익성이 크게 악화된 데다 설상가상으로 분할 당시 가지고 넘어 왔던 부채가 부담이 되어 2020년까지는 배당을 크게 할 수 없었다. 2021년에는 스판덱스 시황이 급격하게 개선되면서 배당금을 큰 폭으로 상승시켰으나 2022년에 화학 시황 악화로 전년의 배당을 이어가지는 못했다. 명확한 배당정책이 부재한 부분이 아쉽다.

효성중공업의 주요 재무지표

(십억 원, 배, %)	매출액	영업이익	차입부채/ EBITDA	배당금	배당수익률
2018	2,180	50	14.5	0	0.0
2019	3,781	130	7.2	0	0.0
2020	2,984	44	10.0	0	0.0
2021	3,095	120	6.7	0	0.0
2022	3,510	143	7.2	0	0.0

자료: 데이터가이드

전력기기와 건설사업을 영위하는 효성중공업의 사업 환경은 2020년까지 매우 부정적이었다. 분할 직후에는 ESS 사업 호조 등으로 배당이 크게 증가할 것으로 기대되기도 하였지만, 높은 부채 부담 및 국내 사업부에서는 건설사업부 비용 발생, 해외는 미국 변압기 반덤핑 관련 비용이 계속해서 발생하여 배당을 지급할 여력이 없었기 때문이다. 2021년 이후부터 본격화된 미국의 전력기기 투자 호황에 힘입어 실적이 크게 개선되었지만 여전히 배당금은 지급하지 않고 있다. 분할 후 배당 이력이 없는 회사의 배당을 예상하는 것이 어려운 이유이다.

효성첨단소재의 주요 재무 지표

(십억 원, 배, %)	매출액	영업이익	차입부채/ EBITDA	배당금	배당수익률
2018	1,767	64	9.2	0	0.0
2019	3,054	158	5.3	0	0.0
2020	2,395	34	7.7	0	0.0
2021	3,598	437	2.5	45	1.7
2022	3,841	315	3.3	67	4.5

자료: 데이터가이드

효성첨단소재는 타이어보강재와 아라미드, 탄소섬유 등을 주력 사업으로 하는 분할 신규 법인이다. 2021년 실적 개선이 확인된 이후에 배당 지급이 시작되었다. 2022년에는 효성티앤씨의 실적이 급격히 악화되면서 배당 여력이 하락하자 지주회사인 효성의 배당수익이 큰 폭으로 감소할 위기에 처하게 되었다. 이에 2022년 실적이 전년 대비 소폭으로 감소했지만 상대적으로 배당 여력이 있는 효성첨단소재가 배당을 늘려주게 되었다. 동사 역시 아직 구체적인 배당정책이 없기 때문에 배당수익률로 바닥을 잡기는 어렵다는 판단이다.

효성화학의 주요 재무지표

(십억 원, 배, %)	매출액	영업이익	차입부채/ EBITDA	배당금	배당수익률
2018	1,117	65	6.4	3	0.7
2019	1,812	154	4.3	16	3.5
2020	1,817	61	7.0	0	0.0
2021	2,520	137	6.2	0	0.0
2022	2,879	-337	N/A	0	0.0

자료: 데이터가이드

효성화학은 분할 당시에도 상당한 부채 부담을 지고 있었는데 베트남에 대규모 신규 설비 투자가 예정되어 과연 앞으로 안정적으로 배당을 할 수 있을까 의심이 됐다. 분할 초기에는 배당을 지급할 여력이 있었지만 베트남 신규 공장 정상화가 더디게 진행된 데다 PP시황이 급격하게 악화되어 2022년에는 대규모 적자를 기록하였다. 이 회사 역시 배당수익률로 바닥을 잡기에는 배당 이력이 짧아 투자지표로 쓰기에는 적절치 않다.

10 배당투자 예 8
배당하면서 증자도 원하는 기업
- 맥쿼리인프라

맥쿼리인프라는 배당투자에 관심이 있는 사람이라면 한 번쯤은 들어보고 고려해 봤을 종목일 것이다. 엄밀히 말하면 우리가 흔히 아는 회사의 모습은 아니고 인프라자산에 투자하여 그 자산에서 나오는 이용료를 받거나(예, 고속도로 통행료), 타사에 보유 자산을 높은 가격에 매각하여 차익을 얻는 상장된 인프라투자펀드라고 볼 수 있다.

맥쿼리인프라의 연혁

자료: 맥쿼리인프라 2022년 4분기 실적 자료

맥쿼리인프라의 투자자산 현황

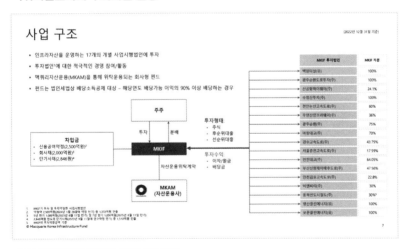

자료: 맥쿼리인프라 2022년 4분기 실적 자료

필자가 생각하는 배당주의 덕목은 꾸준하게 배당을 하면서도 회사 자체적으로나_{organic growth} M&A를 통해서_{inorganic growth} 성장할 수 있는 기업이다. 인프라펀드의 경우 세제 혜택을 받기 위해서는 이익의 90% 이상을 배당해야 하기 때문에(=상장기업으로 봤을 때는 배당성향이 90% 이상) 미래 투자를 위한 재원인 이익잉여금이 쌓이기 어려운 구조이다.

그렇기 때문에 배당을 계속 주다가도 신규로 투자할 프로젝트가 생기면 쌓아 놓은 이익잉여금 대신 주주 대상 증자를 할 수밖에 없는 구조이고, 전체 프로젝트의 수익성은 주식 발행을 통해서 일부 희석될 수밖에 없다. 2020년, 2021년에 각각 2,440억 원, 3,940억 원이라는 대규모 증자를 통해서 신규 자산을 편입하였다.

이러한 구조는 리츠펀드도 마찬가지이다. 투자한 부동산에서 거둬들인 이익을 대부분 배당으로 지급하는 것은 좋지만, 미래에 투자를 위해서 돈이 필요하면 다시 주주에게 증자를 요구해야 하는 상황이기 때문이다.

필자가 생각하는 배당주의 묘미는 좋은 회사에 투자해서 배당도 받고 주가도 오르는 것, 회사가 추가로 자금을 조달하지 않고 돈을 벌어서 계속 성장해 나가는 것이다. 리츠펀드나 인프라펀드처럼 배당을 시켜 줬다가 갑자기 투자할 물건이 생겼다고 돈이 필요하니 다시 증자로 넣어 달라고 한다면 당황스럽지 않을까? 배당주를 '주식'의 관점에서 볼 이유가 하나 더 생긴 것이다.

⊘ 2020년 유상증자 개요

회사는 본 유상증자를 통해 모집을 목표하는 2,477억 원(*)에 대해 다음과 같이 사용할 계획입니다.

- 827억 원: 회사가 2019년 12월 26일에 발표한 동북선도시철도 민간투자사업(회사 투자약정금액 827억 원, 2021년~2022년 인출 예상(**)) 투자에 사용

- 1,107억 원: 회사가 2020년 9월 24일에 발표한 부산항신항 제2배후도로 민간투자사업(회사 투자약정금액 1,107억 원) 투자를 위해 2020년 9월 말 회사가 인출한 차입금 상환에 사용

- 잔여 543억 원: 회사 차입금을 상환하여 미래 잠정 신규 투자를 비롯한 회사 운영에 필요한 재무적 유동성을 확보

자료: 전자공시

⊘ 2021년 유상증자 개요

회사는 본 유상증자를 통해 모집을 목표하는 3,984억 원에서 예상 발행비용 22억 원을 제외한 3,962억 원 대해 다음과 같이 사용할 계획입니다.

- 3,588억 원: 회사가 2021년 6월 15일에 공시한 영산클린에너지(유)(이하 "영산에너지") 및 보문클린에너지(유)(이하 "보문에너지")를 통한 각 (주)해양에너지 및 서라벌도시가스(주) 투자에 사용 예정(**)

> - 374억 원: 잔여 유상증자 자금 374억 원 및 회사 차입금 165억 원을 영산에너지 및 보문에너지에 추가 투자하여 영산에너지 및 보문에너지가 외부 금융기관들부터 조달한 단기차입금 총 539억 원을 상환하고 회사의 (주)해양에너지 및 서라벌도시가스(주)에 대한 투자 금액을 증액시킬 계획(**)

자료: 전자공시

맥쿼리인프라의 분배금과 증자대금 추이

(원, %, 십억원)	2012	2013	2014	2015	2016	2017	2018	2019	2020	2021	2022
주당분배금	480	513	418	464	400	540	622	700	720	750	770
분배수익률	8.1	8.9	6.1	5.8	4.9	6.5	6.7	6.0	6.8	5.3	7.0
분배금총액	159	170	139	66	133	184	217	244	260	292	312
성장률		7	-19	-52	100	39	18	13	6	12	7
증자금액									244	394	

자료: 맥쿼리인프라, 데이터가이드

배당 종목 스크리닝하기

필자는 혹시 놓치는 종목이 없는지 리서치의 대상을 정하기 위해서 가끔 MS엑셀을 돌려 본다. 각 종목마다는 꾸준히 배당이 증가되어 왔고 배당수익률도 높다는 것을 알지만 배당수익률과 배당증가율을 동시에 만족시키는데도 리서치가 안 된 종목이 가끔 있기 때문이다. 보통 이런 종목들은 증권사 리서치에서 커버가 안 되는 경우가 많다. 회사 IR팀과 접촉이 되지 않아서 기업을 분석할 수 있는 정보가 충분치 않거나 유통 주식수가 적어서 매매가 안 되는 종목이기 때문이다.

배당을 꾸준히 증가시켜 온 것은 한국 주식시장에서 더욱 의미가 있다고 생각된다. 그 이유는 소액주주에 대한 예의를 고려해 온 기업문화(주주에게 이익의 일정 부분을 돌려주는 배당문화)가 한국에 정착되는 분위기인 데다가, 한국은 소규모 개방경제에 해당되므로 외부 충격에 따른 기업의 이익이 변동성이 높아 이익 변동성이 배당에 영향을 미칠 수 있기 때문이다.

8년간 최소한 배당을 유지한 기업

(원)	2015	2016	2017	2018	2019	2020	2121	2022	연평균 증가율	배당 수익률
NAVER	220	226	289	314	376	402	511	914	25%	0.2%
고려아연	8,500	8,500	10,000	11,000	14,000	15,000	20,000	20,000	15%	3.9%
CJ제일제당	2,500	2,500	3,000	3,500	3,500	4,000	5,000	5,500	13%	1.4%
리노공업	800	900	1,000	1,100	1,200	1,500	2,500	3,000	20%	1.5%
한솔케미칼	800	1,000	1,000	1,200	1,500	1,800	2,100	2,100	17%	0.7%
CJ	1,350	1,350	1,450	1,450	1,850	2,000	2,300	2,500	13%	3.0%
영원무역	200	250	300	350	400	500	1,000	1,530	29%	3.5%
티씨케이	240	500	700	900	900	1,100	1,430	1,700	39%	1.1%
SK가스	1,905	2,500	2,524	2,941	2,970	4,000	5,100	6,500	17%	5.1%
아프리카TV	200	290	380	470	550	650	730	730	22%	0.4%
다우기술	150	250	300	350	400	500	600	600	21%	2.6%
한국콜마	200	250	300	330	330	345	415	500	15%	1.2%
NICE 평가정보	120	130	140	190	230	275	330	370	18%	2.1%
내셔	400	400	500	550	600	700	800	800	13%	5.4%
DN 오토모티브	250	350	700	1,000	1,500	2,000	2,000	2,500	42%	3.5%
SPC삼립	869	956	956	1,004	1,104	1,104	1,500	1,700	11%	2.4%
NICE	120	130	130	180	230	270	375	410	18%	2.6%
경동나비엔	100	150	200	250	300	350	450	500	22%	0.9%

DI동일	43	44	45	137	140	142	193	245	24%	0.9%
JW중외제약	120	210	235	283	290	298	307	364	18%	1.6%
인탑스	175	180	200	200	250	250	470	860	27%	2.7%
인터로조	106	159	265	270	278	286	441	600	33%	2.2%
인바디	80	100	120	120	140	140	200	300	22%	1.3%
한일홀딩스	280	299	336	411	430	477	514	800	14%	5.9%
한국콜마홀딩스	125	155	185	195	195	205	245	300	15%	3.1%
나이스정보통신	300	350	350	420	460	460	590	650	13%	2.2%
케이씨	150	150	180	220	250	300	300	350	17%	1.5%
한양이엔지	200	250	300	400	450	500	550	600	19%	3.6%
한국정보인증	34	50	50	80	100	100	120	120	20%	1.8%
JW홀딩스	38	64	64	74	80	83	85	97	22%	2.9%
KSS해운	130	170	230	230	270	300	350	350	17%	3.0%
윈스	240	270	310	320	350	400	500	500	12%	3.0%
영풍정밀	180	180	200	250	300	350	350	400	19%	4.4%
고려신용정보	150	175	200	220	250	275	300	330	20%	3.9%

주: 2022년 말 주가 기준, 3년 이상 배당증가가 없는 종목 제외.
연평균 배당증가율이 10% 이상, 시가총액 1,500억 원 이상

자료: 데이터가이드

앞의 표에서 배당수익률이 KOSPI 배당수익률 2.5%를 상회하는 종목은 고려아연, CJ, 영원무역, SK가스, 다우기술, 대상, DN오토모티브, NICE, 인탑스, 한일홀딩스, 한국콜마홀딩스, 한양이엔지, JW홀딩스, KSS해운, 윈스, 영풍정밀, 고려신용정보이다. 일단 어떤 종목이 있는지 뽑은 다음에는 사업보고서, 감사보고서를 읽고 회사를 분석해서 저평가 여부를 가늠해 보자. 그리고 배당성향만 높아진 것인지, 이익성장이 동반되었는지 꼼꼼하게 분석해 보자. 재무구조가 우량한지 알아보는 것도 필수이다.

5년간 최소한 배당을 유지한 기업

(원)	2018	2019	2020	2021	2022	연평균 증가율	배당수익률
LG	2,000	2,200	2,500	2,800	3,000	18%	3.7%
삼성전기	1,000	1,100	1,400	2,100	2,100	23%	1.1%
KT	1,100	1,100	1,350	1,910	1,960	14%	6.4%
현대글로비스	3,300	3,500	3,500	3,800	5,700	14%	3.4%
LG이노텍	300	300	700	3,000	4,150	75%	1.1%
한국타이어앤테크놀로지	450	550	650	700	800	15%	2.0%
삼성카드	1,600	1,600	1,800	2,300	2,500	11%	7.9%
포스코인터내셔널	600	700	700	800	1,000	15%	4.5%
LIG넥스원	500	600	900	1,200	1,500	25%	2.2%
GS건설	1,000	1,000	1,200	1,300	1,300	34%	3.3%
DB하이텍	250	350	350	450	1,300	39%	1.8%
JB금융지주	180	300	374	599	835	53%	10.0%

현대백화점	900	1,000	1,000	1,100	1,300	10%	1.7%
한국앤컴퍼니	300	350	500	600	650	17%	4.1%
LX인터내셔널	250	300	400	2,300	3,000	64%	11.3%
클래시스	14	46	60	66	116	71%	0.6%
다우데이타	160	180	250	300	300	18%	2.0%
롯데웰푸드	1,300	1,300	1,600	1,600	2,300	52%	1.9%
삼양식품	400	800	800	1,000	1,400	41%	1.5%
신세계인터내셔날	170	220	220	300	500	33%	1.7%
영원무역홀딩스	800	1,000	1,200	2,000	3,050	38%	6.5%
이노션	1,500	1,500	1,800	1,800	2,150	17%	3.9%
파크시스템스	100	120	180	250	400	38%	0.3%
미원에스씨	1,200	1,700	1,700	2,100	2,300	36%	1.1%
한섬	400	450	450	600	750	16%	2.1%
해성디에스	300	350	450	600	900	25%	1.8%
유니드	1,100	1,200	1,400	1,700	2,000	13%	1.7%
아이센스	75	100	125	150	175	28%	1.2%
매일유업	700	800	800	1,200	1,200	22%	1.7%
두산테스나	85	101	130	160	160	16%	0.3%
에이스침대	1,000	1,100	1,100	1,330	1,330	15%	3.1%
코웰패션	40	100	120	130	190	45%	2.2%
신흥에스이씨	150	280	300	330	330	27%	0.5%
사람인	390	580	600	600	700	63%	1.7%
아세아	1,750	1,750	2,000	3,000	3,750	20%	2.9%
현대퓨처넷	60	60	80	90	90	12%	2.1%
에스에이엠티	130	140	150	200	230	16%	5.2%

광주신세계	600	700	700	1,700	2,200	54%	6.1%
SNT홀딩스	400	500	650	700	700	29%	4.0%
KISCO홀딩스	280	280	300	400	600	19%	4.1%
아이디스	250	250	300	300	350	12%	1.5%
신세계 I&C	150	200	250	250	500	38%	2.5%
삼영무역	268	333	500	550	600	20%	4.2%
BYC	1,000	1,100	1,100	1,500	3,000	29%	0.7%
대한제당	55	68	90	110	120	17%	4.0%
하이트진로홀딩스	200	350	400	450	500	27%	4.1%
HDC랩스	350	350	400	450	450	12%	3.7%
예스코홀딩스	1,500	1,750	2,000	2,250	2,500	11%	7.0%
동일금속	177	215	231	250	400	30%	2.8%
삼보판지	45	125	125	175	175	32%	1.1%
현대이지웰	30	45	55	70	80	22%	0.7%
삼양통상	750	1,000	1,250	1,250	1,500	15%	2.6%

주: 2022년 말 주가 기준, 3년 이상 배당증가가 없는 종목 제외.
　연평균 배당증가율이 10% 이상, 시가총액 1,500억 원 이상
자료: 데이터가이드

여기서 배당수익률이 2.5%를 상회하는 종목은 LG, KT, 현대글로비스, 삼성카드, 포스코인터내셔널, GS건설, JB금융지주, 한국앤컴퍼니, LX인터내셔널, 영원무역홀딩스, 이노션, 에이스침대, 아세아, 에스에이엠티, 광주신세계, SNT홀딩스, KISCO홀딩스, 신세계 I&C, 삼영무역, 대한제당, 하이트진로홀딩스, HDC랩스, 예스코홀딩스, 동일금속, 삼양통상이

다. 배당수익률이 예외적으로 매우 높은 기업들은 배당이 지속될 수 있는지, 한 해만의 배당인지 꼼꼼히 따져 볼 필요가 있다.

배당을 최소한으로 유지한 기업 중에서도 배당을 매년 증가시켜 온 기업은 추가적으로 눈여겨볼 만하다. 다음 표에 기업들 중에서 배당수익률이 3%를 상회하는 기업은 색글자로 표시해 두었다.

8년 연속 배당이 증가한 기업

(원)	2015	2016	2017	2018	2019	2020	2121	2022	연평균 증가율	배당 수익률
NAVER	220	226	289	314	376	402	511	914	25%	0.2%
리노공업	800	900	1,000	1,100	1,200	1,500	2,500	3,000	20%	1.5%
SK가스	1,905	2,500	2,524	2,941	2,970	4,000	5,100	6,500	17%	5.1%
NICE 평가정보	120	130	140	190	230	275	330	370	18%	2.1%
DI동일	43	44	45	137	140	142	193	245	24%	0.9%
JW중외제약	120	210	235	283	290	298	307	364	18%	1.6%
인터로조	106	159	265	270	278	286	441	600	33%	2.2%
한양이엔지	200	250	300	400	450	500	550	600	19%	3.6%
고려 신용정보	150	175	200	220	250	275	300	330	20%	3.9%

자료: 데이터가이드

5년 연속 배당이 증가한 기업

(원)	2018	2019	2020	2021	2022	연평균 증가율	배당수익률
LG	2,000	2,200	2,500	2,800	3,000	18%	3.7%
한국타이어앤테크놀로지	450	550	650	700	800	15%	2.0%
JB금융지주	180	300	374	599	835	53%	10.0%
클래시스	14	46	60	66	116	71%	0.6%
영원무역홀딩스	800	1,000	1,200	2,000	3,050	38%	6.5%
파크시스템스	100	120	180	250	400	38%	0.3%
아이센스	75	100	125	150	175	28%	1.2%
코웰패션	40	100	120	130	190	45%	2.2%
에스에이엠티	130	140	150	200	230	16%	5.2%
삼영무역	268	333	500	550	600	20%	4.2%
하이트진로홀딩스	200	350	400	450	500	27%	4.1%
동일금속	177	215	231	250	400	30%	2.8%

자료: 데이터가이드

퀀트로 매수할 만한 종목을 찾아내는 것은 여러 가지 수고를 덜어 준다는 점에서 매우 편리하다. 하지만 기계적으로 뽑아낸 종목을 사람의 통찰력에 기반을 두어 분석해 내지 않는다면 그것은 그냥 종목을 나열한 것과 다를 바 없다. 기업가치를 산정해 보는 노력을 부지런히 하자.

4장

언제 사고,
언제 팔아야 하는가?

진정한 투자자는…
주식시장을 잊고 배당수익과 회사의 운영 결과에
주의를 기울인다면 더 나은 결과를 얻을 것이다.

- 벤저민 그레이엄(Benjamin Graham)

01 주식을 매수하는 과정

　워런 버핏은 "가격은 우리가 지불하는 것이며, 가치는 우리가 얻는 것이다."라고 말했다. 기업의 내재가치를 측정하는 것이 기업가형 투자자의 가장 중요한 구성 요소일 가능성이 매우 크다. '우리가 얻는 것'이 무엇인지 알게 되기 전에는 얼마를 지불해야 할지 알 수 없기 때문이다. 그리고 우리가 지불하는 것이야말로 궁극적으로 투자의 성공을 결정하는 것이다.

　제대로 된 종목을 찾기 위해서 리서치하는 일은 어렵다. 그중에서 사고 싶은 종목을 추려서 레이더망에 넣는 것도 매우 어렵고 힘든 일이다. 무엇보다도 좋은 가격에 사서 잘 파는 것은 더 어렵다. 주식을 제때 매매하기 어려운 이유는 인간의 본성을 거스르기 때문이다.

　주식을 매수하는 과정은 2단계로 나눌 수 있다.

첫째, 매력적인 매수 대상을 고른다.

둘째, 주식을 살 올바른 때(=가격)를 고른다.

가치투자라는 말은 앞서 언급했듯이 소위 가치주 투자나 성장주 투자를 모두 포괄하는 말이다. 기업마다 중·장기적인 관점에서 기업 본질의 가치가 있다고 가정하고, 그러한 장기 기업의 본질 가치 대비 현 주가가 크게 저평가되어 있는 기업에 장기 투자하면 중·장기적으로 안정적인 수익을 추구할 수 있다.

워런 버핏이 자신의 철학을 대변하는 최고의 책이라고 공식 추천한 『워런 버핏의 주주 서한』에서 워런 버핏은 가치와 성장은 일심동체이며 성장은 가치 평가에 포함되는 요소라고 언급했으며, '가치투자'라는 용어 자체가 군더더기라고 지적했다.

'투자'가 지불하는 가격보다 더 높은 가치를 추구하는 행위가 아니면 무엇이겠습니까? 더 높은 가격에 팔려고, 알면서도 내재가치보다 더 높은 가격을 치르는 행위는 투기로 보아야 합니다. (물론 이는 불법도 아니고 부도덕도 아니지만, 부자가 되는 방법도 아니라고 봅니다.)"

이러한 가치투자를 위해서는 보텀업에 기반을 둔 리서치가 필수이다. 보통 보텀업 투자는 개별 기업의 가치분석을 바탕으로 하는 투자, 톱다운 투자는 매크로(거시경제)를 보고 경제 사이클과 산업에 맞춰 투자하는 것을 뜻한다. 기업분석 시 기업의 현재가치 및 장기 성장가치를 고려한 종합적인 본질 가치 분석에 중점을 두며 톱다운 아이디어를 참고하여 균형 잡힌 포트폴리오를 구성하게 된다.

주식 투자를 할 때 흔히 하기 쉬운 실수는 기업은 보지 않고 경제 상황만 보는 것이다. 뉴스에는 경기가 좋다는 얘기는 잘 안 나오는 편이다. '최악의 경기침체'가 1면을 장식하는 경우가 많다. 물론 주가는 통상 '기업이익×멀티플'로 나타낼 수 있는데 경기는 1차적으로 기업이익에 영향을 미치고, 멀티플에 영향을 미치는 유동성에도 영향을 미치기 때문에 경기 요소를 무시할 수는 없다.

하지만 주가에 기업이익에 대한 비관적인 전망(낙관적인 전망)은 보통 경기 사이클에 선행하고, 기업마다 경쟁력 유무에 따라 수익성이 더욱 개선될 가능성도 있는 등 경기 자체의 요인보다는 산업 요인과 기업 자체적 요소가 기업가치를 결정하는 데 더 큰 영향을 미친다.

거시경제에 대한 전망은 전문가들도 종종 틀리는 아주 어려운 일이다. 그런데 이러한 거시경제 전망을 족집게처럼 맞춘다고 하더라도 기업가치를 추정하여 주식 투자하는 데 크게 도움이 되지 않는다면 굳이 이렇게 어려운 일을 열심히 할 이유는 없지 않을까? 그 열정으로 기업분석을 꼼꼼히 하여 주가와 기업가치의 괴리, 중·장기 기업가치의 상승 가능성 등을 전망하는 것이 더욱 도움될 것이다.

정량적 분석은 기업분석의 기본 중 기본이다. 손익계산서 항목에서 시작해 보자.

- **견실한 실적:** 대가들은 이익을 내 본 적이 없는 투기적 기업에는 투자하지 않는다. 그레이엄은 5~10년 이상 계속 이익을 낸 안정적인 기업을 찾는다.
- **지속적인 배당실적:** 배당은 매우 강력한 신호가 되므로, 기업들은 배당을 누락하지 않으려고 심혈을 기울인다. 따라서 과거 배당실적은 경영진의 능력과 사업의 안정성을 알려 주는 매우 중요한 지표이다. 그러므로 주당배당금이 장기간 꾸준히 증가했는지, 일시적으로 감소하거나 누락된 적은 없는지 살펴볼 필요가 있다.
- **높은 이익률:** 탁월한 기업들은 이익률이 경쟁사나 업계 평균보다 높다. 이익률이 평균보다 높다면 전략, 영업, 제품 등의 측면에서 경쟁 우위가 있다는 뜻이다. 높은 이익률은 경기침체기에 안전판이 되기도 한다. 매출이 감소하면 이익률이 낮은 기업의 실적이 훨씬 큰 폭으로 하락하기 때문이다. (고정비가 커버되지 않기 때문이다.)

요즘 많은 투자자가 재무상태표를 잘 보지 않는 것 같다. 증권사 종목 리포트에서도 재무상태표 추정에 이상한 숫자들이 들어간 것이 종종 눈에 띈다. 그런데 증자나 부도위험 등 주식의 하락 위험에 대비하기 위해서는 재무상태표 확인이 꼭 필요하다.

앤서니 볼턴과 피터 린치 등 대가들은 투자에 크게 실패한 기업들은 하나같이 재무상태표가 부실했다고 말한다.

기업의 유동성, 즉 단기채무상환능력을 조사해야 한다. 이러한 유동성을 동일 업종 경쟁사들과 비교해야 한다. 유동성의 문제는 단기부채와 변동금리 부채이다.

장기지불능력도 살펴보아야 한다. 흔히 대가들은 자기자본의 절반을 초과하는 부채를 보유한 기업을 선호하지 않는다.

워런 버핏에 의하면 슈퍼스타 기업들은 대부분 이자지급능력이 뛰어난데도 부채를 거의 사용하지 않는다.

부채비율이 높은 기업들은 원리금 지급 등 고정비 부담이 증가하므로 매출이 감소하거나 경기가 침체하는 등 여건이 악화되면 심각한 위험에 직면할 수 있다. 이러한 경우 기업은 자금 조달에 문제가 생기는데 이럴 때 주가도 매우 낮아져 증자도 매우 어렵다. 기업의 경쟁력 측면에서 부채비율이 높은 기업들은 먼저 부채 상환에 주력해야 해서 신사업, R&D 투자 등의 여력이 열위에 있어 장기적인 경쟁력이 저하될 가능성이 있다.

여기까지 분석이 끝났다면 감사보고서의 주석사항을 읽어 보자. 채무보증 등의 부외부채나 파생상품도 확인하고 우발채무로는 어떤 것이 있는지, 진행 중인 소송이 있는지도 알아보는 것이 좋다.

정량분석이 끝났다면 정성분석을 해야 한다. 예전보다 손쉽게 정량

데이터를 손에 넣을 수 있기에 개인투자자들도 쉽게 이용할 수 있다. 네이버 검색창에 '종목명+주가'를 넣으면 가장 최근 실적과 주요 지표까지 바로 알 수 있다. 데이터를 얻는 법은 8장에서 자세히 설명하였다.

정성분석은 시간과 능력이 많이 소요되므로 제대로만 한다면 여전히 투자에서 경쟁 우위를 지닐 수 있는 부분이다. 먼저 회사를 둘러싸고 있는 경쟁 환경을 분석해 보자. 이 분석에는 마이클 포터의 경쟁우위 5요소 분석이 여전히 활용하기 좋다. 산업 내 경쟁 상황, 공급 밸류체인, 고객단, 신규 진입자와 대체제라는 틀은 기본적으로 업종과 회사에 대한 생각을 정리하는 도구로 안성맞춤이다.

마이클 포터의 경쟁우위 5요소

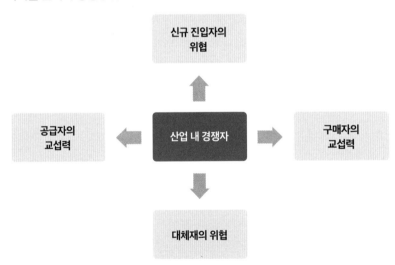

규모의 경제나 특허, 입지 등으로 진입장벽이 생기거나 대체재가 없는 경우에는 보다 높은 수익성이 확보된다. 비교적 적은 설비투자로 많은 이익을 내는 산업은 창출된 현금흐름을 사업에 대규모로 재투자할 필요가 없기 때문에 높은 밸류에이션을 부여받는다.

이해하기 어려운 복잡한 비즈니스 모델을 갖고 있는 회사나 영속성이 없이 일회성으로 그치는 사업 모델을 갖고 있는 회사는 기피되는 유형이다. 불황기에도 살아남는 우량기업을 발굴해야 하기 때문에 장기간에 걸쳐 안정적인 실적을 낸 기업인지 조사하는 것은 꼭 필요하다. 성장잠재력이 높아 보이는 기업에 일반인들은 서둘러 투자하지만 대가들은 기다렸다가 비즈니스 모델의 확장성, 신뢰성을 확인하고 나서야 투자한다.

보통 주식 투자에서 크게 부각되지 않지만 정말 중요한 것은 기업문화를 포함한 인적자원 부문이다. 기업도 결국은 구성원들이 만들어 가는 것이기에 기업 내부에 흐르는 공통적 지향점은 결국 시간이 오래 흘렀을 때 기업 간의 차이를 만드는 결정적인 요소로 작용해 왔다. 눈에 보이지 않기에 더 분석하기 어렵다. 건전한 기업문화는 회사 전체에 열정을 불어넣으며 임직원 모두가 바람직한 가치, 규범, 태도를 유지하게 해 준다.

조직원들의 화합은 중시하는데 실패에 대한 반면교사가 없는 회사, 칼 같은 성과 평가로 부서 간 소통이 안 되는 회사 등 겉으로 명확하게 드러나지는 않지만 회사별로 매우 큰 차이가 있는 것이 바로 이 부문이다. 바람직한 기업문화의 특징으로는 탁월성 추구, 진정성 추구, 이해관계자 존중, 원활한 의사소통, 혁신 추구, 행동 지향, 신뢰, 편안한 분위기, 단순성 추구, 주인의식 등이 있지만 한 번에 양립하기는 어렵고 하나의 장점이 다른 시각에서는 단점이 되기에 오랜 시간 분석해 볼 필요가 있다.

환경사회지배구조ESG 투자에서는 사회에 해당하는 부분에서 인적자원 관련한 리서치가 강화되는 것은 긍정적인 신호이다. 전체 인력규모나 근속연수, 대규모 인력구조조정이 있었는지, 성과에 연동된 금전적 보상이 있는지 등 회사가 우수한 인재를 유지하기 위해 어떤 노력을 하는지를 알아보자. 직원을 존중하는 문화가 있는지를 확인하는 것이 중요하다.

회사의 규정 및 절차도 분석해야 하는데 그중에서도 내부통제에 대한 분석은 꼭 필요하다. 내부통제가 제대로 되지 않으면 어떤 부서이건 리스크에 노출된다. 내부자의 도움 없이는 잘 알 수 없는 부분이지만 회사의 기업문화를 깊이 분석할 때 도움이 된다.

연구개발R&D: Research & Development과 혁신에 대한 태도도 챙겨 보자. 연구개발 관련 투자의 방향성과 핵심 연구인력에 대한 관리, 타부서와의 소통, 성과에 대한 보상, 신제품과의 연동성을 꼼꼼히 챙겨 보는 것이 좋다. 보통은 사업보고서에 R&D 담당 임원이 나와 있으니 이력을 살펴볼 수 있고, 사업보고서에 나와 있는 연구개발 실적이나 관련 기사들을 찾아보는 것도 도움이 된다. 여력이 된다면 경쟁사나 관련 업계를 통해 상호 확인하는 것도 좋다.

● ROE가 중요한 이유

앞에서 동일한 월세 10만 원이 나오는 3억 원짜리 상가와 4억 원짜리 상가 비교를 통해서 ROE의 중요성을 설명한 바 있다. 투자 대가뿐 아니라 경영의 구루Guru들도 ROE에 대해 강조하는 점은 다르지 않다. 윌리엄 손다이크는 장기적으로 탁월한 성과를 거둔 경영자들을 분석한 저서 『현금의 재발견』에서 ROE를 매우 강조하고 있다.

CEO로 성공하려면 2가지를 잘해야 한다. 하나는 효율적으로 운영하기, 다른 하나는 그 결과 들어오는 현금을 적재적소에 배치하는 것이다. 내다수 CEO는 운영에 초점을 두는데, 이는 매우 중요하다.

CEO가 주로 자본을 사용하는 용처에는 기본적으로 기존 사업 투자, 다른 사업 인수, 배당금 지급, 부채 상환, 자사주 매입 등 다섯 군데가 있다. 이런 방법들이 어떤 도구 세트 상자에 들어 있다고 생각해 보자. 장기적으로 주주 이익은 이런 다양한 도구 중에서 CEO가 무엇을 선택하느냐에 따라 달라진다. 쉽게 말해, 동일한 사업 성과를 올린 두 기업이 자본배분을 할 때 다른 방법을 택하면 주주의 장기 성과도 크게 갈릴 수 있다는 말이다.

본질적으로 자본배분은 투자와 같다. 따라서 모든 CEO는 자본배분자이면서 투자자이다. 사실 이 역할이야말로 어떤 CEO든 가장 중요한 책무이다.

투자자의 입장에서도 효율적인 기업 운영과 현금을 잘 쓰는 일 모두 중요하다. 효율적인 기업 운영에 대해서는 특별히 언급하지 않아도 쉽게 알 수 있는데, 잘 쓴 현금의 결과인 자기자본이익률ROE의 중요성에 대해서는 다소 어려워 보이거나 그게 무슨 상관인가라고 생각되곤 한다.

ROE가 중요한 이유는 내가 지분을 투자한 회사에서 거둬들이는 자본의 이익률이 매우 중요하기 때문이다. 순자산이란 자산에서 부채를 뺀 개념으로 자본equity이라고도 한다. 즉 회사의 자산에서 채권자의 몫debt(부채)을 뺀 부분이 주주의 몫이라는 것이다. 이 주주의 몫으로 돌아가는 수익성이니 주주 입장에서는 얼마나 중요한 것인가?

흔히 ROE는 주가순자산비율PBR: Price to book | book은 순자산=자본, PBR는 시가총액/순자산과 많이 비교된다. 자본이 투자되거나 주주에 환원되지 않고 현금 형태로 남아서 아무 돈도 벌고 있지 않다면(은행이자 정도만 벌고 있다면) 점점 자본은 비대해지고 이익이 증가하지 않아서 ROE가 내려가고 이런 주식은 주가도 부진할 가능성이 높아 PBR가 떨어진다.

경제성장률이 둔화되고 있어 기존의 사업으로는 과거와 같은 실적 성장은 어려워졌다. 기업들은 미래를 위한 투자를 하겠다고 번 돈을 환원하지 않고 있지만 생각처럼 성장 기회는 흔하지 않아서 자본은 점점 비대해지고 ROE는 낮아지고 있다. 적극적인 주주환원을 통해 자본을 무작정 쌓지 않고 적정 수준을 유지해 나가면서 ROE를 개선하는 것이 주주 몫의 가치를 지키는 데 도움이 될 것이라 확신한다. 배당을 포함한 회사의 주주환원정책을 잘 봐야 하는 이유이다.

02 언제 사고,
언제 팔아야 하는가?

● **주식을 사는 시점을 고르는 법**

주식을 사는 시점은 정해져 있는 것은 아니다. 중·장기 기업가치와 현재 주가의 괴리도를 고려하여 확신도가 높을 때 매수하는 것이 원칙이다. 물론 한정된 자금을 가지고 주식을 사야 하는 입장이라면 확신도와 매수 후 기업가치가 실현되기까지의 기간을 고려하여 우선순위를 정할 수 있겠지만 꼭 맞는 것은 아니다. 배당주 관점에서는 매수 시기보다는 매수가격이 저주화률이 더 높다고 본다

통상 배당주 관점에서는 전통적인 고배당주의 경우 배당수익률이 역사적 고점 부근에 있을 때를 1차적인 매수시점으로 본다. 배당성장주는 양호한 미래 성장 전망(콘셉트만 있어서 숫자로 뒷받침되지 못하는 경우는 제외)에도 불구하고 단기 실적 부진으로 주가에 대한 비관적인 전망이 증가

하는 경우이다. 이 경우 역시 배당수익률은 높은 수준일 가능성이 있다.

우리나라 기업들은 대외 여건이나 경기 사이클의 영향을 받는 업종에 많이 속해 있는데 이러한 기업들도 배당수익률을 통해서 매수시점을 고를 수 있다. 재무구조가 우량하고 분기 실적이 부진한 경우에는 역사적으로 가장 높았던 배당수익률을 참고해서 매수시점을 잡아 볼 수 있다. 기업이 꾸준히 배당금을 유지해 온 경우 특히 적중도가 높다. 배당의 변동성은 이익의 변동성보다 낮고, 기업들은 배당을 늘리는 것보다는 줄이는 것에 대해 더 부담스러워하기 때문에 웬만하면 배당을 줄이지 않으려고 하는 특성을 이용하는 것이다.

● 언제 팔아야 하는가?

주식을 제때 사는 것은 어렵다. 그런데 언제 팔아야 할지 아는 것은 더 어렵다. 주가가 내재가치 이상으로 거래되거나 다시 추정한 내재가치가 현재 주가 아래로 하향 돌파할 때가 주식을 팔 때이다.

주식을 매도하기 어려운 이유는 '미련이 남아서'이다. 올라가는 주식은 더 올라갈 것 같고, 하락하는 주식은 언젠가 반등하여 손실을 줄여 줄 것 같아서 쉽게 못 파는 것이다. 당연히 매도할 때는 애초에 생각한 적정가치 이상으로 주가가 올랐을 때 실현하는 것이지만, 좀 더 자세하게는 다음의 경우를 생각해 볼 수 있다.

첫째, 투자 논리에 대한 확신이 사라지는 경우

둘째, 주가가 내재가치를 훨씬 상회하는 경우

셋째, 매력적인 투자 대안이 있을 경우

투자 논리에 대한 확신이 사라지는 경우

배당투자의 관점에서 투자 논리가 사라지는 경우는 대부분 잉여현금흐름의 전망이 악화될 때이다. 배당금은 한 번 지급되면 다시 회사로 돌아오지 않기 때문에 잉여현금 전망이 매우 중요하다. 잉여현금흐름(영업현금흐름-설비투자)의 악화는 배당 전망을 어둡게 한다. 또는 예상치 못한 자산의 취득이나 인수합병도 마찬가지이다. 매출 전망, 수익성, 재무제표 등이 악화되거나 산업 내 경쟁이 치열해지고 신제품의 출현으로 산업 자체의 경쟁력이 떨어지는 등 회사의 펀더멘털과 관련된 이슈가 발생하게 되면 회사의 잉여현금의 원천인 영업현금흐름이 악화되기 때문에 내재가치가 자동적으로 낮아지게 되는 것이다.

'내가 이 주식을 왜 갖고 있지?' 하고 실수를 자책하며 주식을 파는 일은 머리로는 간단해 보이지만 실상은 그리 간단하지 않다. 고심해서 고른 종목인데 이익을 내기는커녕 내가 잘못 봐서 손실이 났다는 걸 인정하는 것은 자존심이 무척 상하는 일이다. 하지만 이런 매도 결정을 잊지 않는 것이 매우 중요하다. 꾸준히 배당을 지급해 왔던 회사이고 펀더멘털이 우수한 회사라면 그렇지 않은 회사보다는 잘못 봤을 확률이 낮다.

주가가 내재가치를 훨씬 상회하는 경우

필자는 어떤 기업을 분석할 때 이 회사는 얼마 정도의 기업가치로 거래되는 것이 합당한가에 대해 고민하는 편이다. 중·장기 기업가치에 대해 생각해 보고 그 이상으로 거래되면 매도하겠다고 미리 생각해 놓는 것이다. 이 역시 제대로 매도하지 못하고 소위 '그대로 안고 떨어져서 본전에 오는 경우'를 방지하는 데 매우 효과적이다. 평가이익은 말 그대로 '평가'된 이익일 뿐이기 때문이다.

배당주의 관점에서는 어떤 주식이 비교적 빠른 시간 동안 쉬지 않고 오르는 경우 배당수익률 하한을 미리 정해 두는 것이 리스크 관리에 효과적이다. 펀더멘털이 동일할 때(장기 기업가치에 변화가 없다고 가정할 때) 주가만 오르게 되면 배당수익률(주당배당금/주가)은 하락하기 때문이다. 배당주가 성장주일 경우 성장주에서 테마주로 휩쓸릴 때 매우 유용한 잣대이다. 또 고점을 잡고 한 번에 다 팔려고 노력하기보다는 배당수익률 구간을 정해 놓고 배당수익률 범위를 터치할 때마다 주식을 파는 것이 리스크를 줄일 수 있다.

물론 배당투자를 하다 보면 처음에는 배당주로 투자를 시작했는데 주식시장에서 그 회사의 성장성을 매우 높이 인정해 줘서 실적 상승 속도보다 주가의 상승 속도가 매우 빠른 경우가 있다. 이런 경우에는 무작정 목표 가격에 도달했다고 주식을 매도하기보다는 장기적으로 배당 추정을 해 본 뒤 배당수익률이 나오지 않을 때 수익을 실현하기도 한다. (단기적으로는 주가가 매도 이후에도 계속 상승하여 다 누리지 못한 차익 때문에 괴로

웠지만 장기적으로는 그 수준이 좋은 매도시점이었음을 확인할 수 있었다. 그때 과 감하게 매도하여 생긴 현금으로 또 다른 저평가된 종목을 미리 매수할 수 있었기 때 문이다.)

매력적인 투자 대안이 있을 경우

배당수익에 자본차익까지 고려한 배당 매력을 감안하여 더 나은 대 안이 있을 때는 교체매매를 시행할 수 있다. 다만, 잦은 종목 교체는 매 매비용(거래수수료, 매수매도 호가 차이에서 오는 손실 등)을 증가시키므로 강 력 추천하고 싶지는 않다.

손절매는 배당주 관점에서는 잘 시행하지 않는다. 앞에서 언급한 대 로 펀더멘털 분석을 잘했다면 주가가 하락하여 배당수익률이 올라간 경 우에는 오히려 추가로 매수해야 하기 때문이다.

배당주에 대한 속설

찬바람 불면 배당주를 사라

매년 연말이 다가오면 배당주 관련 기사가 증가한다. '찬바람 불면 배당주를 사라', '연말 배당을 노려 보자'는 타이틀의 기사들이 쏟아져 나온다. 거기에다가 종목별로 배당수익률이 높은 종목을 추려서 제시해 주기도 한다.

이 시기에 네이버 키워드 검색에서도 배당이 증가함을 알 수 있다. 배당감소가 우려되었던 코로나19 발발 초기인 2020년 상반기를 제외하고는 대부분의 검색량 최고치는 매년 연말에 기록되었음을 알 수 있다. (최근에는 중간배당이 증가하고 있어서 반기말에도 검색량이 증가하는 추세이다.)

기사와 검색량만 증가하는 것은 아니다. 증권사마다 배당에 대한 주의를 환기하는 리포트가 많이 발간된다. 주로 리서치 센터 내 퀀트 애널리스트나 전략팀에서 주도하여 '배당주에 투자하자', '배당주가

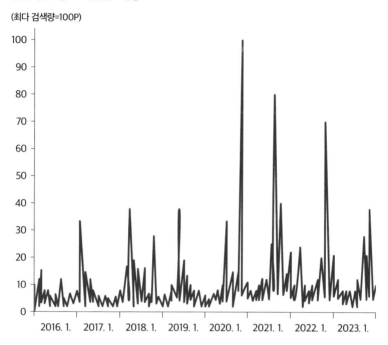

일간 검색량 - 키워드 '배당'

(최다 검색량=100P)

기간: 2016. 1. 1. ~ 2023. 1. 24.
자료: 네이버 데이터랩

성과가 좋을 것이다'라는 내용의 보고서나, 배당수익률이 높은 종목
이나 배당이 증가하는 종목의 리스트를 담은 보고서가 발간된다.

그럼 연말에 배당투자하면 좋은 성과가 나올 수 있는 것일까? 세상
에 확실한 것은 죽음과 세금뿐이라는 벤저민 프랭클린의 말을 기억
해 보자. 배당만 보고 연말에 잠깐 배당주를 매매하여 이익을 얻겠다
고 한 투자가 꼭 좋은 성과를 보장하지 않는다는 말이다.

배당투자는 기본적으로 '주식'에 대한 투자이기에 배당수익률에서는 수익을 거뒀지만 주가로는 손해를 볼 가능성이 있다. 예를 들어 배당수익률 10%를 주는 주식을 주당 1만 원에 샀다고 가정해 보자. 배당금으로 주당 1천 원을 받는다고 하더라도 주가가 9천 원 아래로 하락하면 원금에서 손실이 생기게 된다.

배당수익률만 생각하고 주식 투자를 하게 되면 이런 오류에 빠질 수 있다. 주식시장은 절대 단순한 곳이 아니다. 아마도 누군가는 이런 기사가 나오기 전에(이런 기사가 나오면 주식을 팔 수 있을 것이라 생각하고) 미리 주식을 사 놨을지도 모른다.

배당투자하기 좋은 시기가 딱 정해져 있는 것은 아니다. 배당주 자체보다는 그 기업의 가치가 충분히 저평가되어 있는지가 중요하다. 수익형 부동산을 매수할 때의 마음가짐에 비유할 수 있을 것이다. 월세를 많이 준다고 해도 투자가치가 점점 떨어지는 상가는 피해야 하는 대상이지만 그렇다고 해서 월세만 받고 바로 상가를 팔지 않는 것과 같다.

우량한 재무구조를 보유하고, 대주주나 경영진이 소액주주도 이익도 중시하는 기업이 배당까지 많이 준다면? 그리고 그 기업도 성장을 찾아서 끊임없는 노력을 한다면? 그런 배당주는 싸게 사서 장기 보유하는 것이 안정적인 수익 기회라고 생각한다.

금리와 배당주에 대한 상반된 기사

증권

고금리엔 매력 없다더니..."배당주 수익률, 코스피 압도" 반전

심성미 기자 ☆

입력 2022.12.07 12:53   수정 2022.12.07 13:23   가가

☆ ↗ 💬⁰ ☺ 🖨

올해도 '연말 배당주 투자' 먹혔다

오늘의 주요

홈 > 경제 >

저금리에 배당주 매력 돋보인다..."실적 악화주는 피해야"

코스피 배당수익률(2.28%), 3년만기 국고채 금리(1.19%) 웃돌아

(서울=뉴스1) 곽선미 기자 | 2019-09-15 09:53 송고

💬 댓글   ↗ 가 🖨

금리가 내려갈 때 배당주가 유리하다?

금리가 내려갈 때 배당주가 유리하고 금리가 올라갈 때 배당주가 불리하다는 것이 통설이지만 꼭 들어맞는 것은 아니다. 이러한 통설의 기원은 소위 '고배당주'로 이루어진 해외 고배당 지수 또는 고배당 팩터로 지수를 구성하여 주가와 상관관계를 구한 결과로 다분히 퀀트적 분석이라고 할 수 있다.

배당주펀드를 오랜 기간 운용해 온 결과 금리와 배당주의 성과에 대해 체득하게 된 결론은 "금리와 배당주의 관계는 주식을 어떻게 운용하느냐에 따라 다르다."는 것이다. 배당주펀드에 배당수익률만 높은 종목만 편입하고 있다면 통설과 비슷할 수도 있다. 하지만 배당주펀드 역시 주식형 펀드이므로 기업의 성장성, 현재 밸류에이션 수준, 이익 사이클상 위치 등을 모두 고려하여 종합적으로는 배당수익률이 높은 포트폴리오를 구성한다. 그 안에는 고배당 팩터의 단골 업종인 경기방어주뿐 아니라 배당성장주, 배당정책 개선 기업군, 역사적 고배당주 등 다양한 고려 요소가 있기 때문에 통설과 다른 결과가 나타난다. (물론 필자도 이런 내용을 멋진 퀀트 모델로 구현해 보고 싶지만 역부족이다.)

5장

—

테마주 투자의
유혹

월스트리트나 주식 투기에 새로운 것은 없다.
과거에 일어났던 일들이 거듭 되풀이될 뿐이다.
이는 인간의 본성이 바뀌지 않기 때문이다.
인간이 지혜로운 선택을 하지 못하도록 가로막는 것은 항상 인간의 심리다.

- 제시 리버모어(Jesse Livermore)

01 대한민국 테마주 열전

얼마 전에 대한민국을 떠들썩하게 했던 초전도체 관련주는 이전에도 계속 존재해 왔던 테마주의 연장선상이라고 볼 수 있다. 초전도체를 상온에서 구현하면 전력을 쓰는 모든 설비와 기기의 성능이 획기적으로 향상되고 자기부상열차, 양자컴퓨터, 핵융합로 등 미래산업의 상용화 시기를 획기적으로 앞당길 수 있다는 기대가 관련주들을 급등으로 이끌었다.

필자가 주식에 관심을 갖기 시작할 때쯤 유행하던 테마는 신도시기로 대변되는 매연저감장치였다. 수전배반(발전소로부터 전력을 받아 나눠 주는 전력 시스템) 등 전기변환장치를 한국전력에 납품하는 이 회사는 '고압 프라즈마 공법에 의한 자동차 매연저감 장치'를 개발했다는 재료를 등에 업고 1995년 10월 12,000원이던 주가가 1997년 5월 215,000원까지 올라 무려 18배나 상승했다. 상투를 친 주가는 같은 해 9월 46,000원으로 급락했다. 아마 1996년에 발표한 매연저감장치가 계획대로 상용화되었다면 시내 한복판의 매연은 이미 찾아보기 힘들었을 것이다.

또 다른 추억의 테마주는 단연코 1999년 8월 코스닥 시장에 상장한 새롬기술이다. 1999년 10월 1,890원이던 주가가 11월 30,000원, 12월 120,000원으로 급등했다. 그리고 2000년 3월 초에는 282,000원이 되었다. (액면가 5,000원인 코스피 종목을 기준으로 보았을 때) 유무상증자를 뺀 단순 주가 기준으로만 봐도 6개월 동안 150배 오른 것이다. 새롬기술의 경이로운 주가 상승은 주식시장 개장 이래 지금까지도 깨지지 않는 기록이다. 새롬기술의 미국 내 자회사인 '다이얼패드'가 인터넷으로 국내뿐 아니라 국제전화까지 무료로 사용할 수 있는 파격적인 서비스를 제공한다고 발표한 것이 기폭제가 되었다. 많은 사람이 무료전화를 사용하는 동안 광고를 보면 그 수익으로 이익을 낸다는 구상이었다.

국제전화를 아무리 오래 사용해도 무료라는 말에 투자자들은 열광했다. '다이얼패드 회원수가 전 세계적으로 500만 명을 돌파했다.' 등의 언론 보도가 주가 상승을 더욱 부추겼다. 투자자들은 전화와 인터넷이 결합된 사업의 성공 여부를 이성적으로 판단할 능력이 부족했지만 모두들 혹하는 내러티브에 새롬기술 주식을 사서 대박을 치겠다고 생각한 것이다. 결국 다이얼패드는 사업에 실패해 2001년 법정관리로 넘어갔고 그 여파로 새롬기술 주가도 급락세를 보였다.

다음 표는 지난 20여 년간 증시를 주도한 테마주들을 정리한 것이다.

테마주 중에서도 그동안 꾸준한 실적 성장을 보여 준 회사들은 중간중간 주가의 부침에도 불구하고 그에 걸맞은 주가 상승세가 동반되었다. 그러나 많은 테마주는 테마 자체의 성공 가능성이 매우 낮았거나, 테마에서 벌어들일 수 있는 기대 수익 전망이 과도하여 주가가 터무니없이 고평가되었다가 실제로 그 테마가 현실화된 경우에도 이전 고점을 회복하지 못하는 경우가 허다했다.

2000년 이후 증시를 주도한 테마주

2000년	차세대이동통신(IMT2000) 수혜주, 인간게놈프로텍트 관련주, 유무선통신장비 수혜주
2001년	디지털방송 관련주, 구제역 관련주, 911 테러 관련주, 게임 및 엔터테인먼트 관련주
2002년	월드컵 관련주, 금광개발 관련주, 이라크 전쟁 관련주, 무선인터넷 관련주, 전자상거래 관련주
2003년	사스 관련주, 중국 관련 수혜주, M&A 관련주, 신행정수도 관련주, 온라인교육 수혜주
2004년	AI 관련주, 광우병 수혜주, M&A 관련주, 원화강세 수혜주, 쓰나미 관련주, 고유가 수혜주
2005년	줄기세포 관련주, 제약바이오주, 디지털위성방송(DMB) 관련주, 무선인터넷 관련주, IT부품 관련주, 엔터테인먼트주, 온라인교육 관련주
2006년	지주회사, 조선 및 조선기자재 관련주, 자원개발 관련주, 와이브로, 장하성펀드 관련주
2007~8년	한미 FTA 관련주, 지주회사, 바이오디젤, 2차전지, 태양에너지 관련주, 자통법 관련주, 4대강사업 관련주
2009년	차화정(자동차, 화학, 정유), 자전거, 음원/음반, 2차전지, 인터넷포털, TFT-LCD 부품, 스마트 부품, 전기차
2010년	차화정(자동차, 화학, 정유), 자문형 7공주, 애니메이션, 화장품, 태양광에너지, 핵융합에너지, 반도체장비, LED장비

2011년	제대혈, 슈퍼박테리아, 출산장려정책, 캐릭터 상품, 헬스케어, 의료기기, 모바일게임, 정치인 테마주
2012년	PCB, 화장품, 신약, 전자결제, 휴대폰 부품, 대선 관련주, GPS, 전자파, 무선충전기술, 엔터테인먼트
2013년	공기청정기, 황사, 신약, 하이브리드카, ESS(전력저장장치)
2014년	중국 진출 화장품, 리모델링/인테리어, 모바일게임, 신종플루, 제대혈, 치아치료, 우선주
2015년	화장품, 아이핀(I-PIN), 신약 개발, 사물인터넷
2016년	슈퍼박테리아, 제약바이오, LCD/LED 장비, 인공지능
2017년	반도체, 제약바이오, 4차산업(5G, 자율주행, 인공지능) 관련주, 풍력에너지, 가상화폐
2018년	남북경협(철도, 강관, 건설, 전력, 통신, 시멘트), 바이오/줄기세포, 황사/미세먼지
2019년	반도체/부품/재료, 5G/통신장비, 황사/미세먼지
2020년	코로나19(진단/백신/방역/슈퍼박테리아), 마스크/소독제, 제약/바이오, 5G/통신장비, 반도체/반도체장비, 비대면(원격지원/교육/디지털뱅킹), 그린에너지(태양광/풍력)

자료: 윤재수 저, 『돈이 보이는 주식의 역사』, 길벗, 2021.

온 나라가 떠들썩했던 황우석 교수의 줄기세포 광풍 이후 테마주에 대해 가감 없이 비판한 2006년의 한 증권사 리포트는 시점을 현재로 바꾸고 해당 회사 이름에 요즘 테마주를 넣어서 읽어도 전혀 어색하지 않을 정도이다. 과거나 현재나 테마주에 대한 인식에는 큰 차이가 없다.

02 테마주에 열광하는 이유

왜 테마주 투자를 하는 것일까? 행동경제학에서 지속적으로 발견하는 것 가운데 하나는 사람들이 확률은 낮지만 판돈은 큰 도박에 끌린다는 점이다. 사람들은 단지 재미를 위해 엄청난 돈을 날려 버린다. 사실 가장 치명적인 투자 성향은 짜릿한 흥분을 원하는 것이며, 도박이야말로 인간이 좋아하는 제2의 천성일 것이다.

이에 대해 윌리엄 번스타인은 저서 『투자의 네 기둥』에서 '투자오락 주가이론investment entertainment prising theory'이라고 이름 붙였다. "당신이 투기에서 짜릿한 흥분을 맛보는 만큼 그 대가로 당신의 수익률은 떨어질 것이다. 극장 입장권을 예로 들자면 오락가치는 아주 높지만 투자수익은 전혀 없다고 할 수 있다."고 하였다.

한 애널리스트는 "주식 투자를 하는 일부 사람들의 마음가짐이 꼭 도박장에 있는 사람들 같다."는 표현을 했다. "내 수중에 없어도 되는 돈 몇백만 원, 몇 천만 원이 있는데 3개월 만에 '따블' 날 종목이 뭐가 있겠느냐?", "우리 팀 이 대리는 주식으로 몇 천만 원을 벌었다는데, 왜 나는 그렇게 벌지를 못했느냐?"고 하는 고객의 한탄은 필자의 입장에서는 이해하기 힘든 기대로 보였다.

테마주에 관심이 지속적으로 몰리는 이유는 무엇일까? 그 이유는 앞에서도 말한 바 있는데 행동경제학의 창시자인 대니얼 카너먼이 언급한 시스템1과 시스템2로 설명할 수 있다. 다시 한 번 짚어 보겠다.

> - **시스템1** : 저절로 빠르게 작용하며, 노력이 거의 또는 전혀 필요치 않고, 자발적 통제를 모른다.
> - **시스템2** : 복잡한 계산을 비롯해 노력이 필요한 정신 활동에 주목한다. 흔히 주관적 행위, 선택, 집중과 관련해 활동한다.

투자자는 종종 **빠른** 결정을 내릴 때 시스템1을 사용한다. 이때 감정과 직관에 의해 영향을 받을 수 있으며, 스토리(내러티브)나 주변 환경에 쉽게 끌릴 수 있다. 예를 들어 특정 주식에 대한 긍정적인 이야기를 들으면 그 주식을 살 가능성이 있다.

시스템2는 투자 결정의 깊은 분석을 담당한다. 이 시스템은 주식의 장기적 가치, 재무상태, 경제지표 등을 평가하고 복잡한 판단을 내릴 때

활성화된다. 하지만 시스템2는 에너지 소모가 많아서 투자자들은 종종 편하고 쉬운 시스템1에 영향을 받는 경향이 있다.

부지런한 사람들도 시스템1의 영향을 종종 받는데 실제로 거의 모든 사람이 추론 체계가 직관 체계에 압도되는 순간을 경험한다. 특히 감정이 고조되거나 해결할 수 없는 문제에 직면할 때 이런 현상이 나타난다.

감정 고조와 난해한 문제는 주식시장의 본질적인 요소이다. 투자를 할 때 시스템2를 사용하는 것은 우리의 진화 방향과 역행(?)하기에 어렵다. 시스템1은 시장에서 불합리한 행동을 유발하는 주요 원인이다. 다행인 것은 나만 이런 게 아니라는 것, 잘 이용하면 돈을 벌 기회가 많다는 것이다.

사람들은 복잡한 문제에 직면해 불안을 느낄 때 군중을 따라가면 마음이 편해진다. 군집행동에 휩쓸리는 까닭은 군중이 자신보다 더 많이 안다고 생각하며, 홀로 남겨지는 것을 두려워하기 때문이다. 그래서 군중이 실제로는 무모하더라도 군중을 따라갈 때 마음이 편해진다. 특히 시장이 공포감이나 도취euphoria에 휩싸일 때 두드러지게 나타난다. 테마주 열풍이 피날레를 향해 달려갈 때 마지막의 폭발적인 거래량 상승세를 생각해 보면 쉽게 이해할 수 있다.

토드 로즈는 저서 『집단 착각』에서 "현대인인 우리의 조상인 원시 인류는 다른 동물보다 월등히 뛰어난 사회성을 지니고 있었고 덕분에 험한 세월을 거쳐 살아남았다."고 했다. 주변 사람들이 좋아하는 것을 좋아하고, 싫어하는 것을 싫어하며, 내가 아는 것과 네가 아는 것을 구분하지 않는 집단사고가 우리 두뇌에 내장되어 있다는 것이다.

또 다른 인지편향의 예는 정보여과이다. 수많은 정보를 접했을 때 사람들은 몇몇 정보에 집중하는 경향이 있는데 가장 유용하거나 타당한 정보가 아니라 가장 두드러진 정보에 집중한다. 가장 최근 정보에 비중을 과도하게 두거나 심리를 더 자극하는 정보에 집중하는 것이다. 정보여과 중 테마주에 가장 크게 영향을 미친 것은 프레이밍framing이 더 매력적인 정보에 끌리는 것이라 생각한다. 매력적인 이야기에 담긴 피상적 정보를 바탕으로 투자의사를 결정하는 것이다.

테마주를 하는 마지막 이유로는 흥분 추구를 들 수 있다. 사람들은 흥분을 추구하는 경향이 있다. 이러한 경향에서 흔히 비롯하는 투자 오류는 최근 인기 공모주 등 짜릿한 종목을 뒤쫓거나 다소 열등해도 짜릿한 전략을 선택하는 것이다. 변동성이 낮지만 꾸준히 상승하는 종목보다는 급등락하는 종목에 더 관심을 많이 갖는 배경이기도 하다.

금융투기의 역사를 언급할 때 최초의 책으로 거론되는 『대중의 미망과 광기』의 저자 찰스 맥케이도 영국에서 불어 닥친 철도 버블을 피해가지 못했다. 출간 몇 년 후 보통의 회사들은 4%의 배당금을 주는 것이 일반적이었는데, 무려 10%의 배당금을 주는 철도회사에 투자 열풍이 불었다. 당대의 내로라하는 지식인들, 가령 찰스 다윈이나 존 스튜어트 밀 같은 사람들도 그 열풍에 동참했다.

이 현상이 투기이자 광란이라는 것을 알아차리기에 충분한 정보를 갖고 있었으면서도 맥케이는 철도를 찬양하는 대열에 앞장섰다. 심지어 주가가 하락하기 시작했음에도 독자들의 확신을 북돋워 주기 위해 애썼다. 그다음은 추가로 언급하지 않아도 알 수 있을 것이다. 수천 명의 투자자가 파탄 나는 것으로 끝나고 말았다. 금융투기의 역사를 다룬 최초의 저자가 버블에 휘말리다니, 이 얼마나 아이러니한 일인가?

에드워드 챈슬러의『금융투기의 역사』나 주식 투자의 심리학을 다룬 책들을 읽어 봐도 한국 시장 상황을 설명하기에는 뭔가 좀 부족한 느낌이 있었는데, 쌀농사 국가로서의 한반도 정주민의 특징을 다룬 이철승 교수의 저서『쌀, 재난, 국가』에서 그 답을 찾을 수 있었다. 이 책에 따르면 벼농사 문화의 특징은 공동노동 내부에 존재하는 강력한 '경쟁과 비교의 문화'이다. 긴밀한 협력과 그로 인해 발달한 촘촘한 사회적 관계망 속에서 끝없는 경쟁에 돌입한다.

동아시아 소농들은 '각자' 소유하고 있는 논을 '함께' 경작하는데 이 공동노동을 통해 서로의 논에 발을 담그고 물길을 내며, 서로의 논에 대해 속속들이 파악한다. 그리고 '네가 그만큼 수확하는 건 다 내 덕이야.'라고 생각하게 된다. 벼농사 시스템 안에서 개인들은 서로의 수확량, 성적, 직업적 성공을 수시로, 1년 열두 달, 인생 전체에 걸쳐 비교하고 평가한다. 벼농사의 DNA가 깊이 내장되어 있다 보니, 주변에서 누가 대마주로 단기에 큰돈을 벌었다고 하면 나라고 왜 못 벌겠느냐며 허겁지겁 뛰어드는 것이다.

03 테마주 ETF는 안전한 것일까?

테마주 투자의 위험성에 대해서는 대부분 이해하는 것 같다. 그런데 '테마주는 위험하지만 테마주ETF는 ETF니까 안전할 거야.'라고 생각하는 사람들도 있는 듯하다.

얼마 전에 『주식, 개미지옥 탈출하기』의 저자 인스타그램 툰개미 님이 매우 흥미로운 주제로 연재하는 것을 보았다. '테마 ETF에 투자하시나요? 금융호갱이시군요 ㅎㅎ' 시리즈이다. 매우 도전적인 제목이지만 그동안 누구도 대놓고 얘기하지 않는 불편한 진실이기에 서술해 보고자 한다.

ETF는 펀드이다. ETF를 매수하면 펀드에 가입하는 것이고, ETF를 매도하면 펀드를 해지하는 것이다. 펀드를 증권사나 은행을 거치지 않고 거래소에서 가입, 해지할 수 있게 만든 것이 ETF이다.

자료: 인스타그램 툰개미(instatoon_stock)

테마 ETF라는 것은 특정 산업에 집중적으로 투자하는 펀드이다. 이러한 테마 ETF도 추종하는 지수index가 있다. 하지만 테마 지수는 테마의 성격이 잘 드러나도록 ETF를 구성하는 일종의 '운용 가이드라인'이며, 존 보글이나 워런 버핏이 얘기하는 지수(시장 전체)와는 다른 개념이다.

따라서 '지수에 투자하면 무조건 안전하다.'는 생각은 테마 ETF에서는 잘못된 것이다. 오히려 테마 ETF는 일반적인 주식형 펀드에 비해 리스크가 크다. 한 산업에 '몰빵'하기 때문이다.

보통의 ETF(일부 액티브ETF 제외)는 그 구성 종목의 '주가가 싸다 비싸다.', '전망이 좋다, 나쁘다.'에 상관없이 펀드에 돈이 들어오면 기계적으로 사 버린다. 따라서 특정 테마 ETF에 자금이 몰릴 경우, 그 ETF의 구성 종목에는 'ETF에 자금이 얼마나 더 들어올지?'가 단기, 중기 주가 움직임에 중요한 요인이 된다. 대개 테마 ETF는 개인 순매수 강도가 피크를 찍고 나면 가격이 하락하는데 ETF를 사는 개인 수급이 약해지면 그 ETF 구성 종목의 주주들도 ETF 수급이 약해지는 타이밍을 보유 종목의 차익 실현 기회로 삼기 때문이다. 테마 ETF는 KODEX200같이 전체 시장을 사서 개별 종목 리스크를 줄이는 일반론의 ETF 투자가 아니며 오히려 '테마'로 보는 것이 타당하다.

그러면 증권사에서는 왜 ETF는 무조건 좋은 것이라고 홍보하는 걸까? 툰개미 님의 생각을 좀 더 빌리자면 ETF가 '펀드가 아닌, 편하고 안전한 투자 대상'이라는 인식을 심어 주기 위해서이다. 개인투자자들의 기존 펀드에 대한 부정적인 인식은 어제, 오늘 그리고 우리나라만의 일은 아니다. 이런 부정적인 인식의 원인은 펀드 성과에 대한 불만과 일반

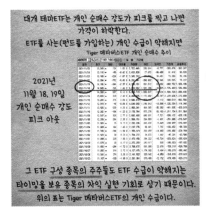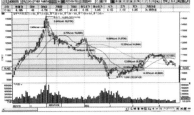

자료: 인스타그램 툰개미(instatoon_stock)

펀드는 가입절차가 어렵고 매도(환매)하는 데 오래 걸리기 때문이다.

증권사 입장에서 펀드 판매는 매우 중요한 수익원이다. 펀드를 팔면 ① 판매수수료, ② 운용수수료(운용회사는 대개 증권사의 자회사), ③ 매매수수료까지 챙길 수 있어서 증권사 펀드 판매는 포기할 수 없는 비즈니스이다. 증권사뿐 아니라 은행도 계열 자산운용사의 ETF를 엮어 신탁상품으로 판매하고 있으니 이쯤 되면 전 금융권이 ETF를 황금알을 낳는 거위쯤으로 생각할 수 있는 부분이다.

더구나 ETF는 테마 ETF라 할지라도 추종 인덱스가 있기 때문에 운용 성과가 나쁘다고 할지라도 인덱스 자체의 문제로 여겨진다. 펀드매니저나 운용사에 대한 고객의 비난을 피할 수 있기에 판매사의 입장에서는 더욱 부담 없이 판매를 늘릴 수 있는 것이다.

라임 사태로 대변되는 사모펀드 불완전판매 이슈 이후에 2021년 금융소비자보호법(금소법)이 시행되며 펀드 판매 관련 금융감독이 어느 때보다 강화되었다. 노년층의 주가연계수익증권ELS의 손실이 도마 위에 오르며 투자자 성향을 고려한 투자상품 가입 절차 도입만 하더라도 이전 감독규정보다 크게 강화되었다.

이제는 그보다 더욱 강화되어 공모펀드도 가입하려면 가입 전까만 1시간이 넘게 걸린다. 시간이 돈인 은행창구에서 펀드 1건 팔려고 시간을 들여서 노력하지는 않을 것이므로 꽤 괜찮은 성과에도 불구하고 점점 공모펀드가 퇴출되는 실정이다. 이 정도면 펀드 판매를 하지 말라는 것처럼 보인다.

금융당국과 금융투자 업계는 지금도 공모펀드를 살리기 위해 다방면으로 노력하고 있다. 하지만 이러한 노력이 빛을 발하기 위해서는 과도한 판매 규제를 일부 정상화하는 일이 선결되어야 한다.

이 장을 마치며

이 책을 읽는 독자들은 대부분 한국에서 초·중·고등학교를 다녔을 것이다. 필자는 이렇게 되묻고 싶다. "3개월 안에 내신 등급을 몇 등급 올리는 것이 가능한가요?" 아마 대부분 "그건 불가능하다."라고 답할 것이다. 단기간에 성적을 올리는 왕도 王道란 없으며 타고난 지능에다 꾸준한 노력이 더해져야 좋은 성적을 낼 수 있다는 것을 누구나 알 것이다.

주식 투자로 돈을 버는 일도 성적을 올리는 것과 똑같다. 누가 "너한테만 알려 주는 급등 재료야."라고 속삭인다면 십중팔구 나를 호갱 삼아서 이득을 취하려는 삿된 세력일 가능성이 높다. '그렇게 좋은 급등 재료가 왜 나한테까지 왔을까?' 하고 꼭 의심해 보기 바란다.

뉴턴, 케인즈 등 역사상의 천재들도 주식 투자에서만은 실패하고 말았다. 만약 초심자의 행운으로 단시간에 큰돈을 번 사람이 있다면 본인의 운에 감사하면서 자신을 과신하지 않길 당부한다.

6장

—

투자 대가들의
조언

투자자로서의 자질을 갖고 있는지 확인하려면
다음 상황을 어떻게 다루느냐에 따라 알 수 있습니다.
포트폴리오에 프록터 & 갬블 주식을 소유하고 있고 주가가
절반으로 떨어진다고 가정해 봅시다.
이때 당신은 이 주식을 더 좋아하나요?
주가가 절반으로 떨어진 경우 배당금을 다시 투자하나요?
더 많은 주식을 사기 위해 저축에서 현금을 꺼내기 원하나요?
만약 이러한 행동을 하는 데 자신감이 있다면 당신은 투자자입니다.
그렇지 않으면 당신은 투기자이며, 처음부터 주식시장에 있어서는 안 될 것입니다.

- 세스 클라만(Seth Klarman)

01 가까운 과거의 주식시장 복기하기

시장이 정점을 찍을 때 낙관론이 팽배하고 저점을 찍을 때는 비관론이 만연하다는 사실은 정점에서 팔고 저점에서 사는 행위가 시장을 지배하는 심리와 정면으로 배치됨을 의미한다. 역발상을 하는 것은 대단히 어렵다. 왜냐하면 거의 모든 사람은 군중을 따라가지 많으면 불안감을 느끼기 때문이다.

2020년 코로나19가 터지고 난 이후에 글로벌 주식시장에는 공포가 만연했다. 한국 주식시장도 예외는 아니었는데 2020년 1일 2,000pt 선을 오가던 종합지수는 순식간에 폭락하여 2020년 3월에는 1,439pt까지 하락세를 보였다. 당시를 되돌아보면 코로나19 치료제는 곧 나오기 힘들고 경기는 침체에 빠질 것인데 언제까지 지속될지 모르겠다는 우려가 팽배했다.

2020년 4월에는 5월 인도분 서부 텍사스산 원유(WTI)의 거래가격이 장중 -40달러 아래까지 내려갔다가 배럴당 -37.63달러로 마감되기도 하였다. 원유 공급은 계속되고 있는데 경제 활동이 둔화되어 원유 수요는 급감하고 급기야 원유를 보관할 데가 없다는 것이 주요 이유였다.

당시 미국 연방준비제도(이하 연준)는 코로나19 위기에 대응하기 위해서 1.75%였던 기준금리를 2020년 3월 4일 전격적으로 1.25%로 0.5%pt 인하하였고, 뒤이은 3월 16일 3월 FOMC에서 1%pt 추가 인하하여 기준금리가 단숨에 0.25%로 하락하게 되었다. 한 달도 안 되는 기간 동안

미국 연방준비제도의 무제한 돈 풀기

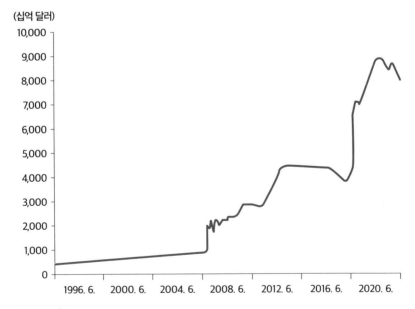

(십억 달러)

자료: 블룸버그

1.5%pt가 인하된 것이다. 금리만 인하된 것이 아니었다. 연준은 무제한으로 돈을 풀기 시작했다. 연준의 자산은 같은 해 3월 4.5조 달러에서 7월 7조 달러로 엄청난 증가세를 보였는데, 이후에도 돈풀기는 계속되어 2022년 중반에 연준의 자산은 9조 달러에 근접했다.

2021년에는 강력한 통화정책, 코로나19 백신 및 치료제의 보급으로 경기가 빠르게 살아나기 시작했다. 경기는 좋고 돈은 풀려 있어 자산시장에 매우 우호적인 환경이었다. 이에 KOSPI도 2021년 6월 사상 최고가인 3,316pt까지 상승하였다. 미국 S&P500 지수는 2020년 3월 27일 2,192pt까지 하락했다가 2022년 1월 7일 사상 최고치 4,819pt를 기록했다. 나스닥 지수는 S&P500과 같은 날짜에 6,631pt를 기록했다가 먼저 하락하기 시작했는데, 2021년 11월 26일 사상 최고치 16,212pt를 기록했다.

2020년부터 2021년까지 한국 주식시장에서는 수많은 기업이 기업공개를 단행하여 시중 자금을 무섭게 빨아들였다. 한때 카카오, 카카오뱅크, 카카오페이, 카카오게임즈의 카카오 4총사 시가총액 비중이 전체 시장의 약 5%까지 차지하였다. 그리고 PDRprice dream ratio라는 매우 당황스러운 밸류에이션 용어까지 생성되며 콘셉트가 좋으면 기업가치는 얼마가 되든 상관없다는 시각이 팽배하였고, 현금은 쓰레기라는 주장이 나올 정도로 폄하되기도 하였다.

2021년 8월 크래프톤의 IPO가 실시되었는데 그동안 따상이니 따따상이니 하는 말이 무색하게 주가는 약세를 보였다. 시장이 슬금슬금 하락하다가 2021년 말에는 KOSPI 기준 3,000pt에서 등락을 보였다.

시가총액 대비 IPO 비중

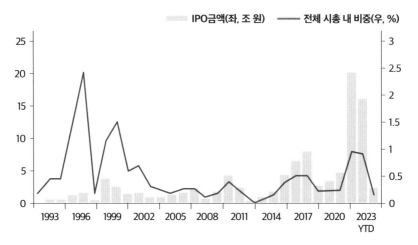

2022년 초에 러시아가 우크라이나를 침공했는데 대다수의 투자자는 대수롭지 않게 생각했다. 침공 직전까지도 '푸틴이 설마 전쟁을 하겠어?' 또는 최근 20~30년간의 전쟁 양상을 보면 속전속결로 끝날 것이라고 생각했다. 러시아의 천연가스 파이프라인에 연결되어 필요한 에너지원을 러시아에 의존해 온 유럽은 발등에 불이 떨어졌다. 가스 가격 급등으로 전기요금이 미친 듯이 올랐다. 코로나19에 이은 전쟁 발발로 공급망 충격은 인플레이션에 직격탄이었다. 전쟁 개시 전에 배럴당 70달러 선에 머무르던 WTI 유가는 2022년 6월 120달러까지 급하게 상승하였다.

미국의 물가는 2021년 들어서 급하게 올라가고 있었는데 연준의 대응은 다소 느렸다. 첫 금리인상은 2022년 3월 0.25%에서 0.5%로 상향되며 시작되었다. 이어진 5월 FOMC에서 연준은 0.5%를 단숨에 인상시키며 기준금리를 1.0%로 올려놓았는데 이후 예상보다 높은 소비자물가 상승률이 발표될 때마다 시장은 요동쳤다. 이어진 6, 7, 9, 11월 4차례의 FOMC에서 매번 0.75%를 인상시켜 2022년 11월에는 기준금리가 4%가 되었다.

2022년 10~11월에는 영국 연금 LDI Liability-driven Investment (부채연계투자) 문제가 영국 국채시장을 강타했다. 이때 글로벌 대형 투자은행인 크레디트스위스 Credit Suisse 문제와 헤지펀드의 일본 엔화 공격 우려 등이 대두되어 글로벌 금융시장은 일대의 혼돈에 빠졌다.

미국 물가와 기준금리

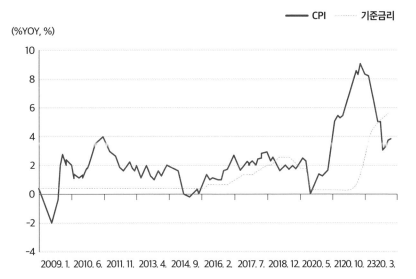

이러한 위험회피 심리를 모두 반영하여 글로벌 투자자들은 주식의 비중을 줄이고, 금리가 상승하면 가격이 하락하는 채권도 비중을 줄여서 현금비중을 크게 늘렸다. 2022년 10월 말 현금비중은 IT 버블 직후만큼 높아졌는데, 글로벌 금융위기나 유럽의 PIIGS 국가위기, 코로나19 직후보다도 높았다. 주식도 싫고 채권도 싫다는 격한 반응이었던 것이다.

BOA 글로벌 펀드매니저 서베이(현금비중)

자료: BOA메릴린치, 언론 재인용

이후에 글로벌 금융시장은 빠르게 안정을 찾아가며 2022년 말에는 본격적인 재상승이 시작되었다. 시장에서 기다리는 미국 경제의 침체는 오지 않고 양호한 노동시장 환경과 탄탄한 소비에 힘입어 좋은 경기가 지속될 것이라는 노랜딩 시나리오까지 나왔다. 그런데 항상 위기는 예상하지 않은 곳에서 닥친다. 미국 16위 은행이었던 실리콘밸리뱅크 svB의 파산은 2008년 금융위기 이후 최대 규모의 은행 파산 사례로 기록되었다. 미국 연준에서 유동성지원기구를 신설하고 예금을 보호하는 등 발 빠른 대처를 함으로써 금융시장은 안정을 찾아갔다.

그러나 물가상승률은 예상보다 더디게 하락하고 경기의 둔화속도 역시 그렇기에 2023년 초 예상했던 연준의 금리인하 시기는 점점 뒤로 밀리게 되었다. SVB 사태 직후인 4월 초에는 2023년 6월부터 금리인하가 시작되어 2024년 1월에는 기준금리 4.2% 이하까지도 전망하였다. 하지만 2023년 10월 초에 2024년 6월에도 5% 이상의 금리를 유지할 것이라는 전망이 나옴으로써 금리인하에 대한 기대감이 점점 사라지게 되었

연방기금금리 선물 내재 통화정책 경로

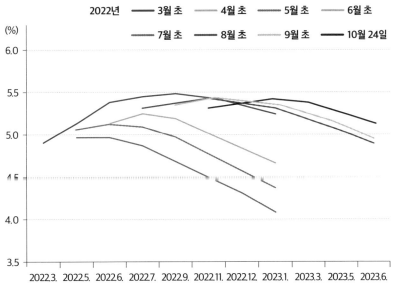

자료: 블룸버그, CME, 이베스트투자증권 리서치센터

다. 중간에 미국 연방정부 부채한도 협의 불확실성도 있었지만 시장에 크게 영향을 주지는 못했다. 미국은 경기가 너무 좋고 기업실적도 탄탄한데 엔비디아의 깜짝 실적으로 촉발된 AI반도체 투자 관련 붐이 주식시장에 불을 붙였다.

한국에서는 미국 IRA 법안의 구체안이 조금씩 발표되고 대규모 신규 수주 및 투자 발표가 이어지는 2차전지 업종 위주로 폭발적인 상승세가 나타났다. 2022년 연말에 모 증권 인플루언서가 선택한 배터리 관련주 8종목의 합산 시가총액은 208조 원, 코스피+코스닥 합산 시가총액 비중은 10%였지만 최고조에 달한 7월 25일 합산 시가총액은 393조 원, 시가

배터리 8종목 거래대금 비중

자료: 데이터가이드

총액 비중은 15.5%를 기록했다. 같은 기간 동안 시장의 일평균 거래대금은 10조 원 근처에서 최고수준 62.8조 원까지 급등했고, 배터리 8종목의 거래대금 비중도 연초 10% 수준에서 최고 40%까지 상승하였다.

배터리 8종목 시가총액 비중

자료: 데이터가이드

'다 아는 얘기를 왜 하는지 모르겠다.', '나는 너와 생각이 다르다.'는 독자들의 반응이 있을 수도 있겠다. 하지만 얼마 지나지 않은 과거이기 때문에 그 당시 투자자들의 탐욕과 공포를 복기해 봄으로써 주식시장의 쏠림과 광기에 대해 짚어 볼 수 있고, 다시는 실수하지 않겠다고 다짐하기에 좋다고 생각하여 설명하였다.

02 투자 대가들이 보는 주식시장

　벤저민 그레이엄은 시장을 미스터 마켓이라고 사람에 빗대어 말했다. 그레이엄이 보기에 미스터 마켓은 조울증 환자로 기분이 아주 쾌활하거나(시장이 장밋빛 일색이고 낙관론이 넘칠 때), 너무 우울해한다(시장에 악재만 있어 보이고 비관론이 만연할 때). 미스터 마켓이 우울할 때는 주식을 싼값에 처분하려고 하고 기분이 쾌활할 때면 투자자들은 웃돈을 주고 주식을 사야 한다. 그레이엄은 현명한 투자자라면 미스터 마켓의 변덕에 개의치 않아야 한다고 말한다. 오히려 미스터 마켓 기분이 좋을 때 팔고, 기분 나쁠 때 사는 현실주의자가 되어야 한다.

　대가들은 시장에 비해 실적이 잠시 나빠지더라도 자신의 전략을 지키려고 인내심과 규율 있는 태도를 유지한다. 인내심과 규율은 오랫동안 지속될 수도 있는 시장의 비이성적인 태도를 견뎌 내는 데 필수이다.

강세장이건 약세장이건 마찬가지이고, 인내심과 규율은 강한 확신과 신념을 필요로 한다. 인내심과 규율이 없다면 군중심리에 휩쓸리기 쉽고, 열기에 동참해 수익을 좇고, 저점 근처에서 매수를 미루기 십상이다.

대가들은 언론의 머리기사는 무시하고 사실과 역사, 펀더멘털, 주가와 가치의 불일치에 기초해 자신만의 의견을 수립한다. 시장의 등락을 상대할 때 탐욕과 자만심이 얼마나 치명적인지 잘 알기 때문에 겸손한 마음을 갖는다.

주식 투자를 잘하기 위해서는 가치와 가격의 차이를 잘 분석하는 것도 중요하지만 투자에 임하는 마음가짐이 더 중요하다. 대가들의 마음가짐을 따라 하기 위해서는 심리적 마지노선이 필요한데 이때 배당수익률이 중요하게 작용한다. 또는 모두가 다 '가즈아'를 외칠 때, 중·장기적인 배당전망을 바탕으로 그 종목이 고평가되었음을 미리 알아채고 차익실현을 함으로써 손실위험을 줄일 수 있다.

다음에 투자 대가들의 생각들을 정리하였다.

● 소음과 정보를 구분하라

리처드 번스타인은 『소음과 투자』에서 투자기간이 짧을수록 소음이 커져서 투자자들은 사소한 문제를 매우 중요한 문제로 착각할 수 있기 때문에 투자기간을 축소할수록 위험은 커지고, 확장하면 위험은 감소한다고 하였다. 다시 말해 투자기간이 짧을수록 위험은 커지고, 소음은 위험자산에 집중되므로 투자기간이 짧은 사건에 집중되는 경향이 있다.

정보제공자들은 투자자가 이익을 얻든 말든 관심이 없다. 그들은 투자자를 위하는 것처럼 말하지만 사실은 그렇지 않다. 따라서 그 정보가 장기 투자에 적합한지, 단기 투자에 적합한지 따져 보아야 한다. 단기 트레이딩 정보를 이용할수록 사람들은 정보에 중독되기 쉽다. 마약을 자주 복용할수록 중독되기 쉬운 것과 마찬가지이다.

간혹 정보 제공자들은 단기 급등 종목들을 '장기 보유할 핵심 종목'으로 포장하곤 한다. 해당 종목의 수익률이 시장보다 낮아도 여전히 매력적이고 화끈한 수익을 낼 수 있는 자산이라고 과대 선전한다. 예를 들어 기술주에 초점을 맞춘 뉴스레터는 그 주식이 벤치마크 지수보다 부진해지기 시작할 때 오히려 그 주식에 장기 투자하라는 아이디어를 제시한다. 투자자들이 뉴스레터를 계속 구독하도록 유도하기 위해서이다. 기술주를 모두 팔아 버리라고 권한다면 그 뉴스레터를 찾는 독자들이 급격히 감소하면서 곧 폐간 위기에 처할 것이다. 과거의 인기 종목을 장기 보유하라는 주장을 경계해야 하는 이유이다.

● 기업 실적과 가치에 집중하라

워런 버핏은 『워런 버핏의 주주 서한』에서 이런 말을 남겼다. 다음 언급은 "기업 실적과 가치에 집중하라. 시장에 휩쓸리지 말라."고 들린다.

대부분의 전문가와 학자들이 효율적 시장, 다이내믹 헤징, 베타를 논하는 시대이므로 그레이엄의 미스터 마켓 비유는 시대에 뒤떨어진 느낌일지도 모릅니다. 전문가들이 이런 분야에 관심을 기울이는 것도 이해는 갑니다. 신비에 싸인 기법들이 투자 조언을 업으로 삼는 사람들에게는 확실히 가치가 있으니까요. 주술사가 단지 "아스피린을 2알 드세요."라고 말해 주고도 부와 명성을 얻을 수 있을까요?

투자 조언을 듣는 사람들에게 시장의 비밀이 과연 가치가 있느냐는 전혀 다른 이야기입니다. 내 생각에 성공 투자는 심오한 공식, 컴퓨터 프로그램, 주가 흐름에서 나타나는 신호로 이루어지는 것이 아닙니다. 사업을 정확하게 판단하는 동시에, 무섭게 확산하는 시장심리에 휩쓸리지 않을 때 성공할 것입니다. 나는 그레이엄이 가르쳐 준 미스터 마켓 개념을 마음 깊이 새겨 둔 덕분에 시장심리에 휩쓸리지 않을 수 있었습니다.

시장이 영업 실적을 당분간은 무시할 수 있지만 결국은 확인해 줄 것입니다. 그레이엄은 말했습니다. "시장이 단기적으로는 인기도를 가늠하는 투표소와 같지만, 장기적으로는 실체를 측정하는 저울과 같다." 기업의 내재가치가 만족스러운 속도로 증가하기만 한다면 사업 실적을 빨리 인정받는 것은 중요하지 않습니다. 사실은 늦게 인정받는 편이 더 유리합니다. 좋은 주식을 싼 가격에 더 살 수 있으니까요.

● 투자해서는 안 되는 주식

투자 대가들의 책을 읽다 보면 공통적인 조언이 눈에 띈다. 어떤 투자 방법을 택하든지 결국 투자 의사결정이라는 것은 내가 내리는 것이고 심리적인 요인이 크게 작용하기 때문일 것이다.

① 인기주를 피하라.

인기주에 속하는 사업이 잘되지 않는다거나 그 주식이 향후에 오르지 않는다는 의미가 아니라 이미 과대평가된 부분이 현실화될 때까지 시간이 걸려야 한다는 것이다.

② 유행 업종을 피하라.

유행과 증권사들의 이야기는 인기주에 대한 또 다른 형태이다. 1950년대에는 원자에너지에 대한 열광, 1960년대에는 컴퓨터 등이었다. 만약 뮤추얼펀드가 바로 그 산업에 투자를 집중하기 위해 조성되었거나, 어느 기업의 주가가 그 산업에 참여하기로 결정했다는 보도에 힘입어 폭등한다면, 그 매수는 투기이며 곧 실망이 뒤따를 것이다.

③ 새로운 벤처기업들을 피하라.

벤처캐피탈은 전문가들의 세계이며 보수적인 투자자들이 관심을 가질 만한 것은 아니다.

④ 공식 성장주를 피하라.

● 성공하는 투자 전략

① 잘 알고 있으면서 영업 상태가 좋은 기업의 주식만 사라.

투자자가 사업으로서의 회사 가치에 관해 정확히 이해하지 않고 주식을 사는 것은 어리석은 짓이다. 사업의 가치를 정확히 이해하기 위해서는 경영진은 유능한가, R&D 활동은 효율적인가, 영업실적은 신장되고 있는가, 자금부족에 처해 있는 것은 아닌가 등을 알아야 한다.

② 주식시장이 인기가 없을 때, 특히 자신이 노리고 있는 주식이 인기가 없을 때 사라.

주식을 살 때 다른 사람에게 뒤지지 않기 위한 방법이 2가지 있다. 하나는 가치가 있는 좋은 주식이 투매로 인해 가격이 떨어질 때 그 주식을 살 수 있는 충분한 지식과 용기를 갖는 것이고, 또 하나는 특정 종류의 회사에 관해 어느 누구에게도 지지 않을 정도로 잘 알고 있는 것이다.

③ 하락한 주식이 매입가격까지 올라왔다는 이유만으로 팔지 말라.

인내심을 갖고 사소한 흔들림에 현혹되지 않아야 한다. 주가가 떨어져도 이상한 일이 아니다. 비가 오는 때도 있는 법이다. 특히 단순히 매입가격보다 떨어져서 또는 하락한 주식이 매입한 가격까지 올라왔다는 이유만으로 팔아서는 안 된다. 매입가격이라는 것은 우연한 것이다. 단지 그 가격에 샀다는 것에 지나지 않는다. 투자자는 주가의 움직임이 아닌 투자한 회사의 사업 전개를 주의 깊게 관찰해야 한다.

④ 확실한 근거가 없으면 투자하지 말라.

그럴싸한 가능성이 있는 투기로 홈런을 노리는 것은 무서우리만큼 높은 비용을 수반한다. 매매수수료뿐 아니라 매매손실 그리고 기회비용까지 고려하면 너무나 큰 대가를 치러야 한다.

⑤ 현재 저평가된 주식, 또는 장래의 고성장을 고려하면 현재 주가가 확실히 저평가된 종목만 사라.

⑥ 시장의 전반적인 가격 수준이 높다고 생각되면 비켜서서 기다려라. 2~3년도 안 되어 다음 약세시장이 반드시 돌아온다.

⑦ 대가들의 움직임에 주목하라.

⑧ 스스로 회사를 분석하기 어려우면 펀드를 사라.

투자자가 회사를 분석할 수 있는 능력이 있어도 그것을 실행하는 데는 큰돈만큼 가치 있는 시간이 소비된다. 분석능력이 없는 투자자는 누군가에게 맡겨야만 한다. 일반적으로 인간의 속성이란 본래 경제적인 욕구보다는 감정적인 욕구에 강하게 영향을 받는다. 실제로 거액투자자의 경우 전문적인 투자자문을 두고 있다. 이는 투자자들이 몸이 아프거나 마음이 힘들 때 의사나 종교인에게 상담하는 것처럼 투자자문으로부터 개인적·인간적인 확신을 얻으려고 하기 때문이다.

⑨ 자신에게 맞는 투자 전략을 결정하고 일관되게 실행하라.

자신의 경험과 능력(투자에 소요되는 시간 포함), 낮은 수익률과 주가 변동폭을 견딜 수 있는 인내(성장주 투자에서 비용이 될 수 있음)가 필요하다.

⑩ 유연하게 대처하라.

03 배당과 자사주 매입에 대한 워런 버핏의 관점

워런 버핏은 좀 더 사업가의 관점에서 배당에 대해 언급하였다. 다음 내용은『워런 버핏의 주주 서한』에서 발췌한 것이다.

● 배당정책에 대한 의견

회사가 배당정책을 주주들에게 보고하는 경우는 많지만, 자세히 설명하는 경우는 드뭅니다. 회사는 대개 이런 식으로 말합니다. "우리 목표는 이익의 40~50%를 배당으로 지급하는 것이며, 적어도 소비자물가상승률만큼 배당을 인상하는 것입니다." 이것으로 끝입니다. 왜 그 배당정책이 주주들에게 최선인지에 대해서는 아무런 분석도 제공하지 않습니다. 그러나 자본 배분은 사업과 투자 관리에 대단히 중요

합니다. 따라서 경영자와 주주들은 어떤 상황에서 이익을 유보하고 어떤 상황에서 이익을 분배할 것인지에 대해 숙고해야 합니다.

여러 가지 이유로 경영자들은 주주들에게 즉시 분배할 수 있는 이익도 유보하길 좋아합니다. 자신이 지배하는 기업제국의 영역을 확장하거나, 자금이 남아도는 안락한 상태에서 경영하려는 이유 등이 있습니다. 그러나 유보하기에 타당한 이유는 하나뿐이라고 봅니다. 즉 회사가 1달러를 유보할 때마다 주주들에게 창출되는 시장가치가 1달러 이상이라는 타당한 전망이 있을 때만 제한 없는 이익이 유보되어야 합니다. 이런 조건은 회사가 유보 이익으로 일반 투자자들이 벌어들이는 금액 이상 이익을 낼 때만 성립될 것입니다.

배당 자체를 넘어서서 자본 배분이 중요하다고 하였다. 앞서 다룬 윌리엄 손다이크의 ROE 관련 언급과 일맥상통한다. 자본배분과 ROE의 관점에서 기업의 주주환원정책에 대해 언급하였다.

자본은 물론 추가된 자본에 대해서도 계속해서 높은 수익률을 유지한 많은 기업이, 실제로 유보이익 대부분을 경제성이 낮거나 심지어 파멸을 불러오는 곳에 지출했습니다. 그러나 해마다 이익이 증가하는 탁월한 핵심 사업 덕분에 자본배분에서 거듭 저지른 잘못이 드러나지 않은 것입니다. (대개 경제성이 신통치 않은 기업을 비싼 가격에 인수했습니다). 이런 경우라면 이익을 핵심 사업 확장에 필요한 만큼만 유보하고, 나머지는 배당으로 지급하거나 자사주 매입(신통치 않은 사업에 낭비하는 대신, 핵심 사업에 대한 주주들의 지분을 높여 주는 조치)에 사용하는 편이 주주들에게 훨씬 유리할 것입니다. 기업 전체의 수익성이 높더라도 유보 이익을 수익성 낮은 사업에 계속 낭비하는 경영자들에게는 잘못된 자본배분에 대해서 책임을 물어야 합니다. [1984]

경영자들이 유보된 자금으로 투자를 하는 경우에 과연 ROE를 창출할 수 있는 곳에 투자하고 있는가에 대해 주주들은 관심을 가져야 한다고 언급하였다.

여기서 우리는 회사의 이익증감이나 투자 기회에 따라 분기별로 배당을 조절해야 한다고 주장하는 것이 아닙니다. 상장기업 주주들은 배당이 일관되고 예측 가능하게 지급되는 편을 당연히 선호합니다. 따라서 배당지급은 이익과 추가자본수익률에 대한 장기 예측을 바탕으로 결정되어야 합니다. 기업이 장기 전망은 자주 바뀌는 곳이 아니므로 배당 패턴도 자주 바뀌어서는 안 됩니다. 그러나 장기적으로 회사는 유보한 분배가능이익에 대해서도 적정수익을 올려야 합니다. 이익이 현명하지 못하게 유보되고 있다며 그 경영자를 유보하는 것도 현명하지 못할 것입니다. [1984]

배당의 일관성과 예측가능성이 중요하며 이익과 추가 ROE에 대한 장기 예측을 바탕으로 결정되어야 한다고 언급하였다.

● 자사주 매입에 대한 의견

현명한 자사주 매입이 되려면 몇 가지 요건이 충족되어야 합니다. 첫째, 회사는 단기간에 사업에 필요한 자금을 제외하고도 여유자금(현금+상당한 차입 능력)이 있어야 합니다. 둘째, 주가가 보수적으로 계산한 내재가치보다 낮아야 합니다. [1999]

장기 주주들에게는 내재가치보다 낮은 가격에 살 때만 자사주 매입이 유리해집니다. (중략) 자사주 매입이 장기 주주들에게 가치를 창출했느냐 파괴하느냐는 전적으로 매수가격에 달렸습니다. CEO나 이사회가 자기 회사의 일부를 매수할 때에는 가격에 무관심할 때가 너무 많은 듯합니다. [2016]

무분별한 자사주 매입에 대해 비판하며 내재가치보다 주가가 훨씬 낮을 때만 유효한 방법이라고 언급하였다.

배당수익률은 기업가치를 평가하는 중요한 수단이다

배당수익률은 기업가치를 평가하는 중요한 수단 중 하나이다.

1. 배당은 이익의 결과이다.
2. 배당의 증가는 향후 기업 이익이 계속 증가할 것이라고 예언하는 역할을 한다.
3. 배당수익률의 역사적 수준을 관찰하면 주가가 저평가되었는지 혹은 고평가되었는지를 판단할 수 있다.

켈리 라이트는 저서 『절대로! 배당은 거짓말하지 않는다』에서 배당투자에 관한 팁에 관해 기술하였다. 요약하면 역사적 수준보다 배당수익률이 높은 경우에는 저평가되어 있을 가능성이 높으며, PER 밸류에이션 상 저평가되어 거래되는 주식을 사야 하고, 재무구조가 우량하고 PBR가 낮은 종목이 좋다는 것이다.

- **법칙1** - 기업의 배당수익률이 역사적 수준보다 높아 주가의 하락세가 반전될 것이라는 기대감을 높이는 주식이어야 한다.
- **법칙2** - 주가수익비율이 역사적으로 낮은 수준에 있고 다우지수의 주가수익비율을 하회하는 주식이어야 한다. 이 법칙의 유일한 예외는 시장평균보다 빠른 속도로 지속적인 이익 개선을 기록한 성장주들이 해당될 것이다.
- **법칙3** - 자산 대비 부채의 비율이 50% 이하인 주식이어야 한다.
- **법칙4** - 주가 순자산비율이 3배를 넘지 않는 주식이어야 한다. 장부가치에 가까울수록 더 좋다.

05 지인에게 해 주고 싶은 배당투자 조언 8가지

대가들의 조언을 종합하여 필자가 지인들에게 해 주고 싶은 조언을 정리하면 다음과 같다.

기업을 잘 알라

주가가 떨어진 경우라도 기업을 잘 알면 확신이 흔들려 섣불리 팔아 손실을 현실화하는 실수를 줄일 수 있다. 어디서 소문을 듣고 산 기업이나 분위기에 휩쓸려 매수에 가담한 경우, 십중팔구 주가가 급락할 때 동반 매도세에 동참할 수 있는데 오히려 그 시점이 과매도 국면일 수 있다. 즉 내가 겁에 질려 팔 때 누군가는 싼 값에 우량주식을 '줍줍'하고 있는 것이다.

아는 분야에 투자하라

전업투자자가 아닌 경우 자신의 직업이 따로 있는 투자자가 많은데 자기 직업과 관련된 내용을 가장 잘 알 수 있다. 예를 들어 반도체 업종에 종사한다면 비슷한 사업을 하는 회사들을 잘 알 수 있고, 화학 사업을 한다면 그 밸류체인을 가장 잘 알 수 있다. 주부라면 커뮤니티를 활용하거나 실제로 제품 소비자의 입장에서 알아 낼 수 있는 정보가 많을 것이다.

안전마진을 확보하라

중·장기적인 기업의 기업가치를 산정해 보고(내재가치), 그보다 얼마나 하락하면 매수를 시작할지 계획을 세우는 것이 좋다. 보통 우량주의 경우 주가가 계속 내려가지는 않는다. 왜냐하면 주가가 하락하면 배당수익률은 상승하기 때문에 보통은 주가 하락이 방어되어 일정 배당수익률 이상 상승하지 않는다. 배당수익률은 일부 안전마진을 확보할 수 있게 해 준다.

주식 투자에 원칙을 가져라

현명한 투자자는 수익을 좇지 않는다. 인기주는 고평가되었을 가능성이 높아 안전마진 확보가 어려울 수 있다. 단기보다는 장기간에 걸쳐 꾸준하게 돈을 벌겠다는 목표를 세울 필요가 있다. 배당주의 경우 펀더멘털이 동일하다고 가정했을 때 배당수익률이 상승하면(주가 하락) 주가가 저평가되었을 가능성이 높아지고, 배당수익률이 하락하면(주가 상승)

주가가 고평가되었을 가능성이 높아진다.

재무구조가 부실한 기업에 투자하지 말라

경기가 조금이라도 나빠지면 이자비용이 크게 상승하여 순이익이 줄어들 수 있을 뿐 아니라 유상증자, 전환사채 등 희석증권을 주주가 아닌 제3자가 인수하며 기존 주주의 지분이 희석될 수 있다. 극단적인 경우 자본을 모두 감소시킬 수 있는 감자 위험에 처할 수도 있다. 아직까지 한국에서는 남의 돈을 빌려서 고배당을 유지하는 기업은 많지 않으므로 배당을 하는 회사는 재무구조가 비교적 우량하다고 볼 수 있다.

심리적 요인을 고려하라

다른 사람들이 하는 행동은 편하게 느껴지고 덜 위험해 보이는 군집행동, 심각한 손실을 경험한 이후 더 위험기피적 성향을 보이는 손실회피, 과신, 친숙 및 공감편향과 같은 심리적 요인에 휘둘리지 않아야 한다. 이러한 심리적 요인에 휘둘린다면 시장이 나빠질 때 떠나거나, 활황일 때 뛰어드는 실수를 범할 수 있다. 시장이 나빠지면 그동안 공격적이었던 투자자들이 갑자기 조심스러워지고, 반대로 시장이 급등한 때는 보수적인 사람들조차 잔치에 뛰어드는 것을 쉽게 볼 수 있다.

연속으로 수익을 낸 후에는 더 큰 위험을 감수하는 실수를 하는데 이는 자기 과신의 결과이다. 연속으로 손실을 본 이후에도 더 큰 위험을 감수하는 실수를 하기도 하는데 원금을 회복해야 한다는 압박감이 커져서 주식에서 큰 손실을 본 이후에 작전주를 하다가, 선물옵션으로 한탕을 노리다가 패가망신하는 경우가 해당된다.

남의 돈으로 투자하자 말라

과도한 레버리지 사용을 지양해야 한다. 주식시장에서 남의 돈만큼 위험한 것은 없다.

꼭 써야 할 돈으로 투자하지 말라

전세보증금같이 꼭 써야 할 돈은 수익률과 상관없이 리스크를 져서는 안 된다.

마지막으로 필자가 늘 가슴에 새기고 실천하려고 하는 워런 버핏의 명언을 첨부한다.

"10년 동안 보유할 종목이 아니라면, 10분도 보유할 생각을 하지 마라."

7장

———

배당투자에서 고려해야 할 실패 요소들

투자는 성격을 반영한다.
인간이 어떤 사람인지를 판단할 때, 가장 먼저 그 사람의 행동을 본다.

- 찰리 멍거(Charlie Munger)

01 배당투자의 공통 요건을 확인하라

　배당투자를 할 때 1차적으로 고민하는 요소는 ROE로 대표되는 회사의 수익성, 배당을 주기 위한 바탕이 되는 우수한 현금흐름과 안정적인 재무구조 등 재무안정성, 매출·이익의 성장성, 최대주주나 경영진이 주주이익을 중시하는지 여부의 지배구조 우수성이 있다. 이러한 기본 요소는 배당주뿐만 아니라 일반적인 주식 투자에서도 고려해야 하는 요소이다.

　돈을 잘 버는 회사여야 배당을 할 여력이 생기고, 재무구조가 좋아야 채권자에게 쫓기지 않고 배당할 수 있다고 생각하면 쉽다. 마지막으로 최대주주(경영진)가 소액주주에 대해 예의를 지켜야 배당을 받을 수 있다는 것도 꼭 기억하자. 한마디로 요약하면 배당투자는 우량한 회사에 투자하는 것이다.

배당투자의 공통 요건

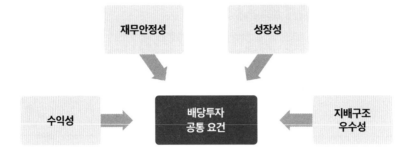

필자는 대학에서 경영학을 전공하였다. 거의 30년이 지났는데 당시에도 기업문화, 기업윤리, 기업 지배구조가 매우 중요하다고 배웠다. 하지만 당시에는 기업문화라는 말이 매우 추상적이었고, 아직 사회생활을 시작하기 전이었기에 흘려 들었다. 졸업 이후 거의 대부분의 직장생활을 주식 운용과 관련된 일을 했는데도 기업문화가 중요하다는 것을 몸으로 이해하기까지는 오랜 시간이 걸렸다.

경력이 쌓이면서 투자 실패 사례들을 모아 보니 기업문화, 기업윤리 문제가 있는 경우가 많았다. 이러한 문제를 방지하기 위한 제도적 장치가 기업 지배구조이다. 지배구조는 소액주주의 입장에서는 나의 권리를 지키기 위해 매우 중요하다.

이어서 설명할 사례들은 모두 해당 기업이 벌어들인 순이익을 모든 주주의 이해관계를 고려하지 않고 최대주주의 입맛에만 맞는 쪽으로 사용했다는 점에서 거버넌스 이슈에 해당한다고 볼 수 있다. 대리인 비용을 생각하지 않을 수 없는 부분이다.

02 기업분할과 승계 요소를 파악하라

● 기업분할 시 소액주주의 권리가 침해되지 않는가?

지주회사 전환을 위한 인적분할 시 소액주주의 권리침해 사례는 이제 모르는 사람이 없을 정도로 널리 알려지게 되었다. 지주회사 전환 관련 인적분할의 경우, 지배주주 지분율은 존속회사(주로 지주회사)와 신설회사(주로 사업자회사) 모두 인적분할 이전에 비해 증가한다. 이는 두 회사에서 외부주주의 지분율이 감소한다는 것을 의미하고, 그 결과 외부주주에게 귀속되는 부의 비중도 줄어들었을 기능성이 높다. 즉 소액주주의 부가 지배주주로 이전되어 소액주주에게 손해가 간 것이다.

인적분할 전후 4년간 지배주주와 외부주주의 시가총액 보유 규모 및 보유 비중 변화

인적분할 전후 시가총액 보유 규모 변화 - 지주회사 전환

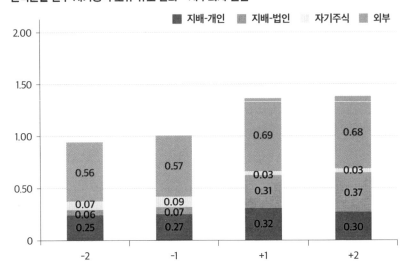

인적분할 전후 시가총액 보유 비중 변화 - 지주회사 전환

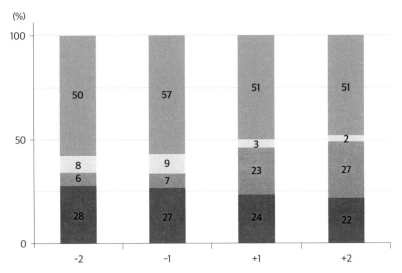

주: 각 시점의 시가총액은 인적분할 직전 회계연도 말의 기존회사 시가총액으로 나누어 표준화함.
　　즉 각 표본에서 인적분할 직전 회계연도 말 시가총액이 1임. 가로축은 인적분할 전과 후를 나타냄.
　　-2이면 2년 전, +1이면 1년 후를 뜻함.
자료: 자본연구원

이러한 문제는 앞서 1장에서 설명했듯 매입하였지만 소각하지 않은 자사주는 소액주주의 이해관계에 반하여 처리될 가능성이 높다. 자기주식의 취득과 회계처리에서는 자기주식의 자산성을 부인하면서도 인적분할 과정에서 기존회사의 자기주식에 신설회사의 신주를 배정하는 등 활용에서는 자산성을 인정하는 모순적인 규제로 지배주주는 자기주식을 사적인 이익을 위해 남용할 수 있게 된다. 좀 더 적극적인 법률 개정이 필요하다.

● 승계 요소로 인한 이슈가 있는가?

대주주의 지배권 확대를 위해 지주회사-사업자회사 인적분할, 대주주가 보유한 사업자회사 지분을 지주회사로 넘기면서 그 대가로 지주회사 지분을 취득하게 되는 이상한 구조는 한국의 고질적인 지분 승계와 같은 맥락이라고 볼 수 있다. 이와 같은 선상에서 필자는 기업 미팅을 마무리할 때 다음 질문들을 꼭 던진다.

"최대주주가 몇 년생이신가요? 건강은 괜찮으신가요? 자제분은 어떤 일을 하시나요? 경영수업을 받고 계신가요? 대주주 지분 구조는 어떤가요?"

최대주주 가족에 대해 이런 것까지 물어봐야 하나 싶지만 한국에서 주식 관련한 일을 할 때 이것은 꼭 짚고 넘어가야 하는 부분이다. 특히 다른 나라 대비 높은 상속세는 역설적으로 대주주가 상속세를 내지 않고 편법으로 지분을 상속시키려는 노력을 강화시킨다. 앞서 언급한 인적분할 역시 같은 맥락으로 볼 수 있다.

다음 표는 2010~18년에 인적분할로 지주회사를 설립한 기업들의 최대주주 및 최대주주의 자녀 나이를 추정해 본 것이다. (전자공시나 언론에 나온 정보를 바탕으로 출생연도를 추정한 것이라 1~2년 정도는 오차가 있을 수 있다.) 분할 당시 최대주주의 나이는 대체로 60세 이상인 경우가 많다.

인적분할 이후 지주회사화한 기업들의 최대주주 및 최대주주 자녀의 나이

회사명	분할연도	최대주주			최대주주의 자녀		
		성명	출생연도	당시 나이	성명	출생연도	당시 나이
한미사이언스	2010	임성기	1940	71	임종윤	1972	39
대성합동지주	2010	김영대	1942	69	김신한	1975	36
메리츠금융지주	2010	조정호	1958	53	조효재	1989	22
AK홀딩스	2012	채형석	1960	53	채문선	1987	26
한국타이어월드와이드	2012	조양래	1937	76	조현식	1970	43
동아쏘시오홀딩스	2012	강신호	1927	86	강정석	1964	49
한진칼	2013	조양호	1949	65	조원태	1976	38
종근당홀딩스	2013	이장한	1952	62	이주원	1988	26
코스맥스비티아이	2013	이경수	1946	68	이병만	1978	36
한라홀딩스	2014	정몽원	1955	60	정지연	1982	33
디와이	2014	조병호	1946	69			
한솔홀딩스	2014	이인희	1928	87	조동길	1955	60
골프존뉴딘	2014	김원일	1975	40			
우리산업홀딩스	2014	김명준	1941	74	김정우	1971	44
심텍홀딩스	2015	전세호	1956	60			

부방	2015	이대희	1971	45			
휴온스글로벌	2015	윤성태	1964	52			
샘표	2016	박진선	1950	67	박용학	1978	39
유비쿼스홀딩스	2016	이상근	1960	57			
APS홀딩스	2016	정기로	1963	54			
현대중공업지주	2016	정몽준	1951	66	정기선	1982	35
매일홀딩스	2016	김정완	1957	60	김오영	1987	30
오리온홀딩스	2016	이화경	1956	61	담경선	1985	32
미원홀딩스	2016	김정돈	1954	63	김태준		
이녹스	2017	장경호	1958	60			
제일파마홀딩스	2017	한승수	1947	71	한상철	1976	42
롯데지주	2017	신동빈	1955	63			
BGF리테일	2017	홍석조	1953	65	홍정국	1982	36
SK케미칼	2017	최창원	1964	54			
쿠쿠전자	2017	구본학	1969	49			
현대산업개발	2017	정몽규	1962	56	정준선	1992	26
효성	2018	조현준	1968	51	조인영	2002	17
한일홀딩스	2018	허기호	1966	53			
세아제강홀딩스	2018	이순형	1949	70	이주성	1978	41

자료: 전자공시자료를 바탕으로 정리

승계와 관련한 꼼수는 한 방법이 막히면 다른 방법으로 진화해 왔다. 주로 '일감 몰아주기'로 시작한다. 최대주주의 자녀가 보유한 회사와 기존 기업의 합병이나 그룹 내 신규 사업을 몰아주는 경우, PEF를 설립한

후 펀드를 이용하여 지주회사 지분을 매입하는 경우까지 등장했다. 상속세와 관련해서 더 이상 소액주주의 부를 편취당하지 않도록 법률 및 제도 개편이 시급한 이유이다.

03 거버넌스가 안정적인가?

● 적자 관계회사를 인수하여 이익이 새는 경우

　적자 관계회사를 인수하여 이익이 새는 경우의 예를 들어 보자. 역시 배당은 주주에 대한 예의였다. 이 사례에 해당하는 회사는 국내의 독보적인 경쟁력을 바탕으로 해외 수출 계약을 맺고 이제 막 수출 실적이 가시화되는 기업이었다. 물론 업의 특성상 예상보다 수출금액은 더디게 증가하고 있었다. 이미 설비투자는 완료되었고 이제 현금만 따박따박 거둬들어서 배당을 받으면 되니 얼마나 안변한가.

　그러나 불행하게도 동사의 최대주주(실제로는 최대주주회사의 최대주주)는 그것을 그대로 두지 않았다. 이미 지주회사 체제였음에도 불구하고 슬그머니 적자가 심하게 나고 앞으로도 재무제표가 어떻게 될지 모르는 관계사를 인수한다고('인수하라고'가 맞는 표현일 것 같다.) 공시한 것이다.

그것도 한 해가 끝나가는 12월 18일에 슬그머니 양수결정 공시를 했다. 문제 회사는 최대주주회사가 보유한 자회사의 자회사였다.

인수하게 된 회사의 감사과정에서 외부감사인은 "인수회사가 피인수회사 인수 과정에서 동반매각청구권을 부여하고, 매수선택권을 부여받았다."며 "피인수회사의 신뢰성 있는 재무정보를 입수하지 못해 파생상품과 관계기업 투자 주식의 평가에 대한 충분하고 적합한 감사증거를 입수할 수 없었다."고 설명했다. 정정된 재무제표에서 삼정회계법인은 JW바이오사이언스에 대한 감사를 1년 동안 진행한 결과 의견거절로 결론 내렸다.

재무제표를 살펴보면 JW바이오사이언스의 재고자산평가에서 문제가 발생해 의견거절을 받은 것으로 추측된다. 당초 재무제표에는 JW바이오사이언스의 재고자산 폐기손실 등이 확인돼 투자주식 손상차손을 36억 원으로 과소계상했다. 하지만 정정된 재무제표에서는 2배 가까이

해당 기업의 재무 항목

(십억 원)	2015	2016	2017	2018	2019	2020
매출	126.0	132.3	143.6	155.2	170.2	183.5
영업이익	18.7	21.6	23.8	23.5	29.7	39.5
순이익	12.9	15.2	16.8	15.8	21.9	17.3
영업현금흐름	25.9	16.1	22.1	36.1	24.3	46.8
수정DPS	404	300	500	500	500	500

자료: 전자공시자료를 바탕으로 정리

늘어난 71억 원으로 수정됐다. 회계처리를 두고 외부감사인(회계법인)과 이견이 커서 한정의견을 받았고 급기야는 관리종목으로 지정되고 말았다. 그때 인수하게 된 적자 회사는 지금도 여전히 적자 상태이고 설상가상으로 외부투자자로부터 자금을 유치하지 않으면 안 되는 상황이다.

● 배당금 대신 ROE 낮은 자산을 취득하는 경우

배당을 주지 않고 ROE가 낮은 자산을 취득하는 예는 비일비재하기 때문에 다 언급하기도 힘들다. 윌리엄 손다이크나 워런 버핏이 강조한 ROE를 중시하는 경영자들은 다 어디로 갔을까? 정말 많은 예 중에서도 특히 심각한 회사를 예시해 보겠다.

예시 기업은 자산 경량화 비즈니스, 즉 큰 유형자산 투자 없이 이익 창출력이 뛰어난 산업에 속해서 20여 년간 막대한 현금을 창출했던 업종에 속해 있다. 그 업종에 속한 다른 2개 회사도 창출된 막대한 이익을 최대주주의 이해관계에 맞게 이리저리 써 왔던 상황은 비슷하다는 점을 미리 밝혀 둔다. (분석하기 어렵게 되었는데 2개 회사 모두 자금이 필요한 관계사와 합병해 버렸기 때문이다.)

이 회사의 최대주주회사도 전형적인 내수 소비 업종에 속해 있다. 이 회사는 모기업 그룹의 M&A 기조 아래 각종 사업체를 인수, 외형 확장에 자금줄 역할을 해 왔다. 2012년 패션업체 인수, 2018년 건자재업체 인수 등이 대표적이다. 2012년부터 11년간 EBITDA는 꾸준히 창출되었는데 순현금은 M&A에 대금 지급되며 감소하고, 인수한 기업의 실적이 악화되어 2016년 이후 관계기업 투자손실이 계상되며 순이익은 오히려 감소했다. 배당성향은 10%대에서 34%로 상승했지만 배당금의 증가 요소보다는 이익의 감소 영향이 컸다.

물론 그동안 막대한 현금에도 불구하고 적극적인 배당을 실시하지 않아서 많은 투자자에게 직간접적인 원성을 들어왔지만 여전히 꿋꿋이 제 갈 길(?)을 가고 있다. 이러한 회사의 의사결정과 동행하여 시가총액 역시 엄청나게 하락하고 말았다.

해당 기업의 주요 재무 항목

(십억 원, %)	2012	2013	2014	2015	2016	2017	2018	2019	2020	2021	2022
별도 매출액	760	800	868	891	961	1,022	973	1,030	1,085	1,080	1,102
EBITDA	162	151	153	120	141	159	145	160	167	147	129
관계기업 투자손실					10	40	48	66	62	51	54
별도 순이익	104	195	126	97	103	88	80	59	64	45	68
배당성향	13	7	10	16	14	16	13	28	22	27	34
별도 순차입금	- 549	- 643	- 730	- 745	- 786	- 443	- 354	- 182	72	- 494	- 473
시가총액	1,452	2,232	1,656	1,386	1,338	1,446	1,188	966	978	761	647

주: 인수 자회사의 재무성과를 제외하고 보기 위하여 별도재무제표 항목을 사용했다.
　　배당성향은 연결기준, 별도 순차입금이 음수라는 말은 순현금 상태임을 의미한다.
자료: 데이터가이드

● 적자가 지속되는데도 비정상적인 배당정책을 실시하는 경우

배당주식 투자 관점에서는 배당성향이 지속적으로 과도하게 높은 기업은 향후에 미래를 위해 투자할 재원이 부족할 수 있고 뜻하지 않은 재무 곤경 상황을 만날 수 있기에 선호하지 않는다. 특히 기업이 지속적으로 적자를 기록함에도 불구하고 배당을 지속하는 것은 배당이 주주가치를 제고한다고 보기 어렵다. 예시한 기업은 3년 연속 순손실을 기록하고 있음에도 불구하고 현금배당을 이어가고 있어 논란이 되고 있다.

학령인구 감소의 역풍을 맞고 있던 동사의 보유 순현금은 빠른 속도로 소진되어 왔다. 특히 2018년, 2019년에는 실적 급감으로 배당금 역시 일부 줄기는 하였지만 순이익에 맞먹는 배당금을 지급하였다(배당성향 약 100%). 코로나19의 충격이 반영된 2020~22년에는 적자 폭이 크게

해당 기업의 주요 재무 지표

(십억 원, %)	2015	2016	2017	2018	2019	2020	2021	2022
매출액	813	821	812	763	762	627	638	683
영업이익	43	43	45	26	29	-28	-28	-50
지배순이익	45	43	42	19	17	-18	-44	-134
배당금	21.9	21.8	21.6	18.6	14.8	8.5	6.8	2.7
배당수익률	2.7	3.0	2.9	3.1	2.8	2.7	2.1	1.2
시가총액	861	788	792	658	598	361	383	254
순차입금	-215	-227	-209	-52	34	27	30	61

자료: 데이터가이드

확대되었음에도 불구하고 배당을 계속 지급하였다. 실적이 뒷받침되지 않는 상황에서 5년간 무리해서 배당을 해 온 것이다. 주가 역시 계속 하락세를 보였다.

이렇게 무리해서 배당을 한 이유를 주주구성에서 찾는 시각도 있다. 해당 회사의 경우 주주구성이 최대주주 및 특수관계인이 66%, 자사주 19.5%로 되어 있다. (자사주는 배당의 지급 대상은 아니다.)

● 경영진의 인품은 어떤가?

마지막으로 가장 중요한 경영진의 인품에 대해 언급하고 싶다. ESG 경영이 강화되는 요즘, 필자는 경영진과 경영진 가족의 일탈에 대한 뉴스를 많이 챙겨 본다. 하나를 보면 열을 아는 법이고, 안에서 새는 바가지가 밖에서도 새는 법이니 경영진과 관련한 작은 이슈라도 놓치지 말자. 횡령 사건이 나는 회사는 내부 통제와 관련된 조직원의 인식(기업문화)이 낙후된 것이 아닌가 하는 생각이 든다. 공시 내용에서도 정정공시가 많은 회사는 내부적으로 관리가 안 되는 인상을 주기 때문에 피하는 것이 좋다.

대주주가 자주 바뀌거나 회사명이 자주 바뀌는 기업도 피하는 것이 좋다. 동네에서도 잘되는 가게는 같은 주인이 계속 운영하고 심지어 가업으로 물려받는 일도 흔하다. 반대로 안 되는 가게는 업종도 자주 바뀌고 주인도 누구인지 기억이 안 나게 바뀌는 일이 많지 않은가?

사람은 고쳐 쓰는 것이 아니라는 말이 있다. 하물며 살아 있는 복잡한 피조물인 법인의 문제를 고치려면 초인적인 노력이 필요할 것이다. 주식시장에서 크게 실패하지 않기 위해서라도 이런 기업, 이런 경영자는 피해야 손실을 미리 축소할 수 있다.

8장

자료 활용 및 배당과 관련된 정부정책

평생 배움의 끈을 놓지 않는 것이
장기적인 성공을 위해 가장 중요하다.

- 찰리 멍거(Charlie Munger)

01 전자공시

우리나라 전자공시는 다양한 정보를 잘 제공한다. 전자공시시스템 DART: Data Analysis, Retrieval and Transfer System은 상장법인 등이 공시서류를 인터

전자공시시스템

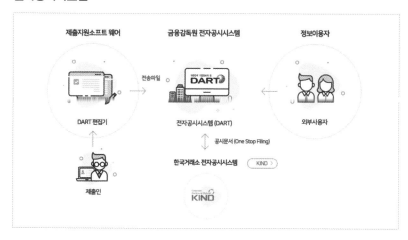

넷으로 제출하고, 투자자 등 이용자는 제출 즉시 인터넷을 통해 조회할 수 있도록 하는 종합적 기업공시시스템이다.

● 사업보고서 찾아보기

회사의 사업내용, 연혁부터 재무사항, 지배구조까지 대부분의 정보가 들어가 있는 사업보고서부터 살펴보자.

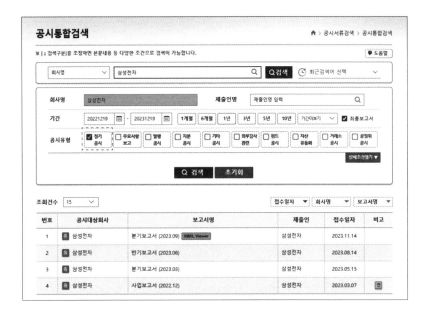

삼성전자의 2021년 사업보고서를 펼쳐 보면 배당에 대한 사항을 확인할 수 있다. 사업보고서의 목차는 기업별로 동일하게 보고되기 때문에 순서를 눈으로 익혀 놓으면 편리하다.

상장사의 3개년 배당정책 공시가 의무화되었다. 삼성전자는 순이익 기순보나는 잉여현금흐름을 기순으로 하고 있음를 일 수 있나. 나는 기업들도 배당정책을 공시하고 있는데 앞으로 더욱 고도화될 것으로 전망한다.

● 배당에 관한 사항 찾아보기

6. 배당에 관한 사항

당사는 제품 및 사업 경쟁력 강화와 함께 주주환원을 통하여 주주가치를 제고할 수 있도록 지속적으로 노력하고 있습니다. 당사는 2018~2020년의 주주환원 정책에 따라 3년간 잉여현금흐름(Free Cash Flow)의 50%를 주주환원 재원으로 활용하여, 매년 연간 총 9.6조원 수준의 정규 배당을 실시하고 잔여 재원 10.7조원을 특별 배당금 성격으로 2020년 기말 정규 배당에 더해 지급하였습니다. 또한, 당사는 2021~2023년의 주주환원 정책을 2021년 1월에 발표하였습니다. 이에 따라 향후 3년의 사업연도에도 잉여현금흐름의 50%를 재원으로 활용하되 정규 배당을 연간 총 9.8조원 수준으로 확대하고 잔여 재원이 발생하는 경우에는 추가로 환원할 계획입니다.

> 분기배당에 대해 확인할 수 있다.

[주요 배당지표] (단위 : 원, 백만원, %, 주)

구 분	주식의 종류	당기 제54기	전기 제53기	전전기 제52기
주당액면가액(원)		100	100	100
(연결)당기순이익(백만원)		54,730,018	39,243,791	26,090,846
(별도)당기순이익(백만원)		25,418,778	30,970,954	15,615,018
(연결)주당순이익(원)		8,057	5,777	3,841
현금배당금총액(백만원)		9,809,438	9,809,438	20,338,075
주식배당금총액(백만원)		–	–	–
(연결)현금배당성향(%)		17.9	25.0	78.0
현금배당수익률(%)	보통주	2.5	1.8	4.0
	우선주	2.7	2.0	4.2
주식배당수익률(%)	보통주	–	–	–
	우선주	–	–	–
주당 현금배당금(원)	보통주	1,444	1,444	2,994
	우선주	1,445	1,445	2,995
주당 주식배당(주)	보통주	–	–	–
	우선주	–	–	–

※ 상기 표의 당기(제54기) 현금배당금은 정기주주총회 승인 전 금액으로, 향후 정기주주총회에서 부결되거나
　수정이 발생한 경우 정정보고서를 통해 그 내용 및 사유 등을 반영할 예정입니다.
※ (연결)당기순이익은 연결당기순이익의 지배기업 소유주지분 귀속분입니다.
※ (연결)주당순이익은 보통주 기본주당이익입니다. 기본주당이익 산출근거는 'Ⅲ. 재무에 관한 사항'의
　'3. 연결재무제표 주석' 중 '주당이익' 항목을 참고하시기 바랍니다.
※ 현금배당금총액의 자세한 내용은 'Ⅲ. 재무에 관한 사항'의 '3. 연결재무제표 주석' 중
　'연결이익잉여금' 항목을 참고하시기 바랍니다. 분기 배당금은
　제54기 1분기 2,452,154백만원(주당 361원), 2분기 2,452,154백만원(주당 361원), 3분기 2,452,154백만원(주당 361원)이며,
　제53기 1분기 2,452,154백만원(주당 361원), 2분기 2,452,154백만원(주당 361원), 3분기 2,452,154백만원(주당 361원)이고,
　제52기 1분기 2,404,605백만원(주당 354원), 2분기 2,404,605백만원(주당 354원), 3분기 2,404,605백만원(주당 354원)입니다.

(단위: 회, %)

연속 배당횟수		평균 배당수익률	
분기(중간)배당	결산배당	최근 3년간	최근 5년간
36	42	2.7	2.9

※ 연속 배당횟수는 당기 분기배당 및 최근사업연도 결산배당을 포함하고 있습니다.
※ 중간배당은 1999년(제31기)부터 연속 배당 시작하였고, 분기배당은 2017년(제49기)부터 연속 배당중이며,
  결산배당은 1981년(제13기)부터 연속 배당 중입니다.
※ 평균 배당수익률은 보통주 배당수익률입니다. 우선주에 대한 최근 3년간 평균 배당수익률은 3.0%,
  최근 5년간 평균 배당수익률은 3.3%입니다.
※ 최근 3년간은 2020년(제52기)부터
  2022년(제54기)까지 기간입니다. 20
  바랍니다(보통주 2.5%, 우선주 2.7%

삼성전자는 1981년부터 기말배당을 꾸준히 시행해 왔고(41년 동안 배당을 빼먹지 않았다), 1999년부터는 6월 중간배당을, 2017년부터는 3, 9월 분기배당도 시행해 왔다는 점을 알 수 있다. 반도체·가전 업황의 부침과 세계경제의 호황·불황에도 불구하고 계속 배당을 지급했다는 점이 중요하다.

● 재무상태표 찾아보기

배당을 지급할 수 있는 여력이 되는지 알아볼 때 가장 먼저 봐야 할 것은 재무구조이다. 회사가 충분한 현금이 없고 갚아야 할 부채가 많다면 배당금을 지급하기 어렵다.

회사의 재무상태를 매년 말에 사진을 찍어 본다고 가정한 표가 바로 재무상태표이다. 이중 순현금(현금및금융자산-이자지급성부채)이 얼마나 되는지 가늠해 보는 것이 중요하다. 순현금에서 사업을 하기 위한 운전자본은 제외하고 보는 것이 보다 자세하지만 대략적인 수준의 '남는 현금'을 파악해 보기 위해서 계산해 보자. 눈으로 계산하기 어려울 때는 표를 복사해서 엑셀에 옮겨서 계산하면 편리하다. 수출입 관련 무역금융을 단기부채로 쓰는 경우가 있는데 (특히 종합상사 같은 경우에는) 이자지급성부채에서 차감하고 보기도 한다.

2. 연결재무제표

연결 재무상태표

제 54 기   2022.12.31 현재
제 53 기   2021.12.31 현재
제 52 기   2020.12.31 현재

(단위 : 백만원)

	제 54 기	제 53 기	제 52 기
자산			
유동자산	218,470,581	218,163,185	198,215,579
현금및현금성자산	49,680,710	39,031,415	29,382,578
단기금융상품	65,102,886	81,708,986	92,441,703
단기상각후원가금융자산	414,610	3,369,034	2,757,111
단기당기손익-공정가치금융자산	29,080	40,757	71,451
매출채권	35,721,563	40,713,415	30,965,058
미수금	6,149,209	4,497,257	3,604,539
선급비용	2,867,823	2,336,252	2,266,100
재고자산	52,187,866	41,384,404	32,043,145
기타유동자산	6,316,834	5,081,665	3,754,462
매각예정분류자산	0	0	929,432
비유동자산	229,953,926	208,457,973	180,020,139
기타포괄손익-공정가치금융자산	11,397,012	13,965,839	12,575,216
당기손익-공정가치금융자산	1,405,468	1,525,344	1,202,969
관계기업 및 공동기업 투자	10,893,869	8,932,251	8,076,779
유형자산	168,045,388	149,928,539	128,952,892
무형자산	20,217,754	20,236,244	18,468,502
순확정급여자산	5,851,972	2,809,590	1,355,502
이연법인세자산	5,101,318	4,261,214	4,275,000
기타비유동자산	7,041,145	6,798,952	5,113,279
자산총계	448,424,507	426,621,158	378,235,718
부채			
유동부채	78,344,852	88,117,133	75,604,351
매입채무	10,644,686	13,453,351	9,739,222
단기차입금	5,147,315	13,687,793	16,553,429
미지급금	17,592,366	15,584,866	11,899,022
선수금	1,314,934	1,224,812	1,145,423
예수금	1,298,244	1,294,052	974,521
미지급비용	29,211,487	27,928,031	24,330,339
당기법인세부채	4,250,397	6,749,149	4,430,272

부채총계	93,674,903	121,721,227	102,287,702
자본			
지배기업 소유주지분	345,186,142	296,237,697	267,670,331
자본금	897,514	897,514	897,514
우선주자본금	119,467	119,467	119,467
보통주자본금	778,047	778,047	778,047
주식발행초과금	4,403,893	4,403,893	4,403,893
이익잉여금(결손금)	337,946,407	293,064,763	271,068,211
기타자본항목	1,938,328	(2,128,473)	(8,687,155)
매각예정분류기타자본항목	0	0	(12,132)
비지배지분	9,563,462	8,662,234	8,277,685
자본총계	354,749,604	304,899,931	275,948,016
부채와자본총계	448,424,507	426,621,158	378,235,718

사업보고서를 클릭했다면 재무제표 주석사항을 꼭 읽는 것이 좋다. 여기서 기업분석에서 놓치기 쉬운 보석들을 발견할 수 있다. 특히 무형자산, 영업권과 관련한 내용이나 부채의 만기 구조 등 향후에 이슈가 될 수 있는 내용이나 회사의 비용 구조, 사업부별 매출과 수익성도 자세히 알 수 있어서 기업을 분석하는 데 매우 유용하다.

● **감사보고서 찾아보기**

첨부파일로 붙어 있는 감사보고서를 열어 보면 독립된 감사인의 감사보고서라는 항목을 찾을 수 있다. 이는 외부감사인(회계법인)이 어떤 부분을 중점적으로 감사했는지 알 수 있어서 회사를 분석하는 데 도움이 된다.

⊘ 핵심감사제

외부감사인이 기업의 회계감사를 진행하면서 가장 중요하거나 위험하다고 판단한 부분, 이른바 핵심감사사항에 대해 서술하는 제도. 회계업계에서는 '중요 감사사항'이라고 부르기도 한다.

2016년 분식회계 논란이 거셌던 건설, 조선 등 수주산업에 한해 도입됐지만 회계 투명성 제고를 위해 2017년부터 시행 대상 회사가 모든 상장사로 확대된다.

핵심감사제가 도입되면 회계투명성 제고라는 효과도 거둘 수 있는 반면 '단문형'인 감사의견 체계가 '장문형'으로 깐깐해지기 때문에 기업 처지에서는 감사비용이 올라가고 소송 리스크도 커진다.

2017년 12월 도입됐으며, 적용 대상은 유가증권 및 코스닥 상장법인이다.

2018년 자산 2조 원 이상, 2019년 자산 1,000억 원 이상, 2020년엔 자산 1,000억 원 미만까지 단계적으로 확대되고 있다.

- 『한경 경제용어사전』

금융업의 경우는 조금 더 복잡하다. 금융업은 업을 영위하기 위한 면허(라이선스)를 정부에서 부여하는 대신 금융업의 리스크를 완충할 만한 자기자본이 충분히 있는지를 감독당국이 요구하기 때문에 세부 업종마다 다른 모습이다.

여기에서는 세세하게 업태마다 어떤 규제가 있고 어떻게 해석해야 하는지를 구체적으로 언급하지는 않겠다. 다만, 업종마다 이런 항목으로 가기가분은 최소 언마만큼은 가저가야 하는지 규제 요건이 있기 때문에 그 부분을 잘 이해하고 반영하는 것이 필요하다.

네이버증권 활용하기

네이버증권은 간단한 숫자를 확인하기에 최적의 툴tool을 제공해 준다. 녹색창에 '종목이름+주가'를 입력하면 바로 다음과 같이 나온다.

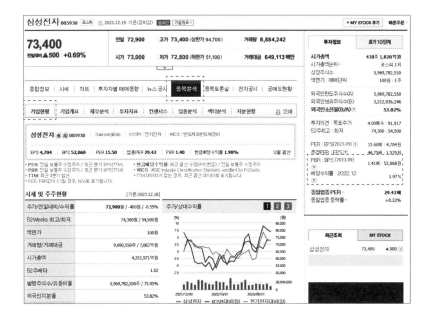

　스크롤을 아래로 내리면 잘 정리된 재무제표를 볼 수 있다. 연간 탭을 클릭하면 과거 5년치, 전망 3년치가 나오는데 꽤 장기 시계열이므로 기업을 한눈에 보기에 유용하다. 필자도 어떤 종목을 빨리 봐야 할 때는 네이버증권을 자주 이용한다.

　매출액과 이익의 추이, 현금흐름의 방향성, 부채규모, 배당 등 기본적으로 회사에 대해 알아야 할 굵직굵직한 숫자들을 눈으로 확인하기 좋다. 밸류에이션 밴드차트와 컨센서스도 나오니 참고하기 바란다.

전체	연간	분기

주요재무정보	연간							
	2018/12 (IFRS연결)	2019/12 (IFRS연결)	2020/12 (IFRS연결)	2021/12 (IFRS연결)	2022/12 (IFRS연결)	2023/12(E) (IFRS연결)	2024/12(E) (IFRS연결)	2026/12(E) (IFRS연결)
매출액	2,437,714	2,304,009	2,368,070	2,796,048	3,022,314	2,608,101	3,009,514	3,363,012
영업이익	588,867	277,685	359,939	516,339	433,766	73,136	339,496	492,039
영업이익(발표기준)	588,867	277,685	359,939	516,339	433,766			
세전계속사업이익	611,600	304,322	363,451	533,518	464,405	111,560	372,755	527,727
당기순이익	443,449	217,389	264,078	399,074	556,541	112,953	300,296	424,333
당기순이익(지배)	438,909	215,051	260,908	392,438	547,300	106,652	287,594	407,372
당기순이익(비지배)	4,540	2,338	3,170	6,637	9,241			
자산총계	3,393,572	3,525,645	3,782,357	4,266,212	4,484,245	4,530,508	4,789,207	5,179,823
부채총계	916,041	896,841	1,022,877	1,217,212	936,749	915,503	966,191	1,014,936
자본총계	2,477,532	2,628,804	2,759,480	3,048,999	3,547,496	3,615,005	3,823,016	4,164,887
자본총계(지배)	2,400,690	2,549,155	2,676,703	2,962,377	3,451,861	3,508,913	3,713,357	4,052,142
자본총계(비지배)	76,842	79,649	82,777	86,622	95,635			
자본금	8,975	8,975	8,975	8,975	8,975	8,979	8,979	8,979
영업활동현금흐름	670,319	453,829	652,870	651,054	621,813	479,733	697,465	824,253
투자활동현금흐름	-522,405	-399,482	-536,286	-330,478	-316,028	-337,834	-598,434	-613,939
재무활동현금흐름	-150,902	-94,845	-83,278	-239,910	-193,900	-89,247	-105,675	-98,555
OAPEX	295,564	253,678	375,920	471,221	494,304	539,448	509,846	539,505
FOF	374,755	200,152	276,950	179,833	127,509	-60,240	171,112	251,102
이자발생부채	146,671	184,120	202,174	183,921	103,332			
영업이익률	24.16	12.05	15.20	18.47	14.35	2.80	11.28	14.63
순이익률	18.19	9.44	11.15	14.27	18.41	4.33	9.98	12.62
ROE(%)	19.63	8.69	9.98	13.92	17.07	3.06	7.96	10.49
ROA(%)	13.83	6.28	7.23	9.92	12.72	2.51	6.44	8.51
부채비율	36.97	34.12	37.07	39.92	26.41	25.33	25.27	24.37
자본유보율	27,531.92	28,856.02	30,692.79	33,143.62	38,144.29			
EPS(원)	6,024	3,166	3,841	5,777	8,057	1,570	4,234	5,997
PER(배)	6.42	17.63	21.09	13.55	6.86	46.43	17.22	12.16
BPS(원)	35,342	37,528	39,406	43,611	50,817	51,657	54,667	59,655
PBR(배)	1.09	1.49	2.06	1.80	1.09	1.41	1.33	1.22
현금DPS(원)	1,416	1,416	2,994	1,444	1,444	1,508	1,443	1,481
현금배당수익률	3.66	2.54	3.70	1.84	2.61	2.07	1.98	2.03
현금배당성향(%)	21.92	44.73	77.95	25.00	17.92	84.42	29.96	21.70
발행주식수(보통주)	5,969,782,550	5,969,782,550	5,969,782,550	5,969,782,550	5,969,782,550			

03 회사 IR자료 활용하기

웬만한 큰 기업은 분기마다 회사의 IR자료를 홈페이지에 올려놓는다. 지나간 IR자료나 팩트 시트 등을 얻을 수 있다. 회사마다 IR자료는 회사소개 파트의 투자자 정보에 있으므로 바로 눈에 안 보이더라도 스크롤을 움직여서 찾아보자. 예시하는 삼성전자의 사업부별 영업이익 현황 자료는 투자자 정보에서 얻을 수 있다.

삼성전자 공식 홈페이지 내 투자자 정보

삼성전자 홈페이지 내 투자자 정보 중 사업부별 영업이익 현황

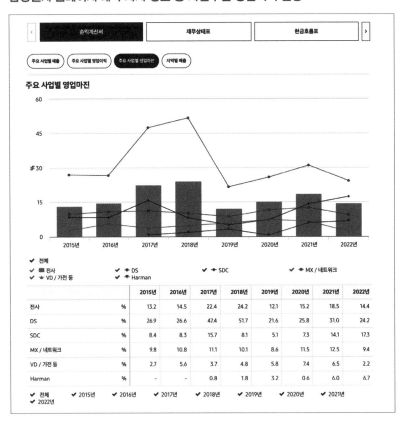

		2015년	2016년	2017년	2018년	2019년	2020년	2021년	2022년
전사	%	13.2	14.5	22.4	24.2	12.1	15.2	18.5	14.4
DS	%	26.9	26.6	47.4	51.7	21.6	25.8	31.0	24.2
SDC	%	8.4	8.3	15.7	8.1	5.1	7.3	14.1	17.3
MX / 네트워크	%	9.8	10.8	11.1	10.1	8.6	11.5	12.5	9.4
VD / 가전 등	%	2.7	5.6	3.7	4.8	5.8	7.4	6.5	2.2
Harman	%	-	-	0.8	1.8	3.2	0.6	6.0	6.7

04 배당과 관련된 정부정책

2014년에 들어서며 2008년 글로벌 금융위기를 극복한 한국 기업들에 대해 성장률 제고라는 고민이 생기기 시작했다. 당시 정부에서는 기업의 이익잉여금을 활용하면 투자도 활성화되고 투자자들의 소득도 향상될 수 있을 것이라고 생각했다.

● 2014년 배당소득 증대세제

2014년 정부에서는 가계소득 증대세제 3대 패키지를 대대적으로 추진하였다. '2014 세법개정안' 중 하나로 경제활성화를 위해 도입했는데 기업소득 환류세제, 근로소득 증대세제, 배당소득 증대세제가 이에 해당되었고 2015년부터 3년간 한시적으로 시행되었다. 이중 배당소득 증대세제는 기업의 당기소득 일정액 중 투자, 임금 증가, 배당에 사용하지 않은 금액에 과세하는 제도였다.

이러한 정부정책 분위기에 발맞춰 거래소에서는 2014년 10월 코스피 고배당 지수(50종목), KRX 고배당 지수(50종목), 코스피 배당성장지수(50종목), 코스피 우선주 지수(20종목)라는 총 4개 신규 지수를 출시하였다. 그런데 이를 벤치마크로 사용하는 펀드의 규모가 확산되지 않아 절반의 성공으로 여겨진다. 2023년 2월 말 기준 고배당 ETF 설정고는 약 6,260억 원이고 그중 거래소 지수를 추종하는 펀드는 662억 원으로 11%에 해당된다.

고배당 ETF 설정고 현황

분류	종목코드	ETF명	기초지수명	상장일	AUM (백만 원)
코스피 고배당 50	A210780	TIGER 코스피고배당	코스피 고배당 50	2014.12.5.	25,252
코스피 배당성장 50	A211560	TIGER 배당성장	코스피 배당성장 50	2014.12.17.	15,388
	A211900	KODEX 배당성장	코스피 배당성장 50	2014.12.17.	17,398
코스피 우선주 지수	A261140	TIGER 우선주	코스피 우선주 지수	2017.1.6.	8,165
기타 고배당 지수	A104530	KOSEF 고배당	MKF 웰스 고배당20	2008.7.29.	12,524
	A161510	ARIRANG 고배당주	FnGuide 배당주 지수	2012.8.29.	177,192
	A192720	파워 고배당저변동성	코스피 200 고배당 지수	2014.2.20.	6,915
	A237370	KODEX 배당성장채권혼합	배당성장 채권혼합지수	2016.1.27.	20,958
	A251590	ARIRANG 고배당저변동50	FnGuide 고배당 저변동50지수	2016.8.11.	7,447
	A251600	ARIRANG 고배당주채권혼합	FnGuide 고배당 채권혼합 지수	2016.8.11.	12,021

	A266160	KBSTAR 고배당	FnGuide 고배당포커스 지수	2017.4.14.	72,931
	A270800	KBSTAR KQ고배당	FnGuide KQ 고배당포커스 지수	2017.7.7.	8,095
	A279530	KODEX 고배당	FnGuide 고배당 Plus 지수	2017.10.17.	27,722
	A281990	KBSTAR 중소형고배당	FnGuide 중소형 고배당포커스 지수	2017.11.2.	5,655
기타 고배당 지수	A290080	KBSTAR 200 고배당커버드콜 ATM	코스피 200 고배당 커버드콜 ATM 지수 (시장가격지수)	2018.2.27.	5,368
	A315960	KBSTAR 대형고배당10TR	WISE 대형고배당 10 TR 지수	2019.1.22.	51,720
	A322410	HANARO 고배당	FnGuide 고배당 알파 지수	2019.4.23.	6,178
	A325020	KODEX 배당가치	FnGuide SLV 배당 가치 지수	2019.5.31.	119,636
	A445910	TIGER MKF 배당귀족	MKF 배당귀족 지수 (시장가격지수)	2022.10.18.	25,449

자료: NH투자증권, 2023. 2. 27. 기준

2023년 2월 말 현재 고배당 ETF 중 가장 큰 펀드는 순자산 1,772억 원의 한화자산운용에서 운용하는 ARIRANG 고배당주펀드이고 기초지수는 거래소 지수가 아닌 FnGuide 배당주 지수이다. 해당 펀드의 2023년 2월 말 현재 구성 종목은 다음과 같다. 우리금융지주, 하나금융지주 등 은행·증권·보험·기타 종목의 비중이 57.5%를 차지하며, 그 밖에 SK텔레콤 등 통신 8.8%, 지주 8.8%, 철강 6.2% 순이다. 2022년 분배금은 4월 주당 680원을 지급하였다.

ARIRANG 고배당주 ETF

CU당 구성종목			[기준:23.12.18]
구성종목명	주식수(계약수)	구성비중(%)	CU당 구성종목 TOP 10
기업은행	1,782	5.78	
우리금융지주	1,490	5.29	
JB금융지주	1,813	5.21	
KB금융	349	5.03	
하나금융지주	420	4.89	
DGB금융지주	2,098	4.77	
신한지주	443	4.71	

삼성카드(4.01%) 기업은행(5.78%)
SK텔레콤(4.09%) 우리금융지주(5.29%)
NK금융지주(4.67%) JB금융지주(5.21%)
신한지주(4.71%) KB금융(5.03%)
DGB금융지주(4.77%) 하나금융지주(4.89%)

* CU : 설정단위 (Creation unit)

자료: 네이버금융

배당과 관련한 최초의 정부정책은 어떤 효과가 있었을까? 아쉽게도
법안의 실시 이후 3개년 동안 배당소득 증대세제의 성과는 예상 대비 뚜
렷하지 않아서 정권 교체 이후 일몰되었다. 그러나 배당에 대한 대중의
주의를 환기했다는 점에서는 의의가 있다.

● 배당지급제도의 개선

우리나라에서 정규 현금배당은 오랫동안 상법에 의해 1년에 한 번 이
사회가 배당수준을 일차적으로 결정하고, 최종적으로 주주총회에서의
결의에 따라 배당을 집행했다. 회사의 주인인 주주의 가장 본질적 고유
권리인 이익배당 청구권을 주주가 직접 주주총회에서 행사하도록 하기
위한 취지이다.

그러나 일반 주주들은 배당결정에 필수적인 각종 정보와 경영에 접

목할 전문성이 떨어지다 보니 배당결정에 대해 판단하기가 쉽지 않다. 게다가 배당락일이 주총일 전에 오다 보니 배당수준을 모르는 상태에서 배당락 주가가 결정되는 문제가 있다. 배당락일과 주총 이후 실제 배당이 지급되는 날까지 기간이 오래 걸리는 것도 문제이다.

2011년 상법을 개정하여 외부감사인이 재무제표에 대해 적정의견을 표명하고, 이사회를 감시하는 감사나 감사위원회 전원의 동의가 있으면 이사회에서 배당을 결정할 수 있게 했다(개정상법 제462조 제2항). 그로 인해 중간(분기)배당도 가능해졌다. 그러나 아직도 대부분의 상장회사는 배당결정을 주주총회 의결사항으로 두고 있어서 근본적인 문제해결은 되지 않은 상태이다.

12월 결산법인 기말배당의 경우, 현행제도 하에서는 기업이 공시하지 않는 한 12월 말에는 금액을 알 수 없다.(일부 중견기업은 12월 말에 공시하기도 한다.) 기업의 법인 조직·활동을 정한 근본규칙을 기록한 정관에는 배당금 지급과 관련하여 이사회에서 주주총회 안건을 올리고, 주총에서 결의되면 주총 이후 한 달 이내로 지급하게 되어 있기 때문이다. 즉 배당금액은 보통 1~2월(늦으면 3월 초)에 알 수 있고 실제로 배당금이 내 계좌에 들어오는 시기는 4월 중순~말이 된다.

펀드 입장에서는 12월 말에 예상배당금을 미리 펀드의 수익으로 잡고(발생주의, 미수배당금으로 회계처리), 실제 배당금을 받게 되면 미수배당금을 현금으로 대체하게 된다. 문제는 12월 말부터 4월 중순까지 현금이 아닌 유동성으로 잡혀 저평가된 종목에 대해 적극적인 투자를 할 수 있는 기간이 줄어든다는 점이다.

이번 정부에서 추진하는 배당지급제도 개선의 경우, 배당기준일을 기존 12월 말에서 4월 초 주주총회 이후로 변경함으로써 배당여부 및 배당액을 알고 투자할 수 있도록 변경하는 것을 골자로 하고 있다. 배당기준일과 배당금 지급일의 시차도 3개월 정도 줄어들게 된다.

다만 "기업들 입장에서 배당절차 변경 이후에 '위법 배당' 문제가 발

배당투자의 공통 요건

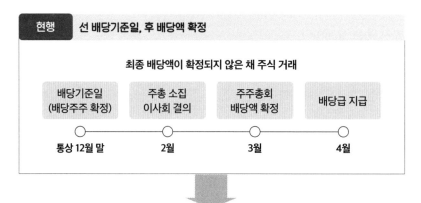

현행　선 배당기준일, 후 배당액 확정

최종 배당액이 확정되지 않은 채 주식 거래

배당기준일 (배당주주 확정)	주총 소집 이사회 결의	주주총회 배당액 확정	배당급 지급
통상 12월 말	2월	3월	4월

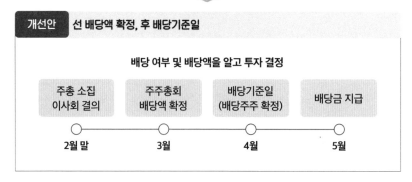

개선안　선 배당액 확정, 후 배당기준일

배당 여부 및 배당액을 알고 투자 결정

주총 소집 이사회 결의	주주총회 배당액 확정	배당기준일 (배당주주 확정)	배당금 지급
2월 말	3월	4월	5월

생할 경우 법 유권 해석만으로 해결할 수 있을지 등에 대한 고민이 깊을 것이다."라는 언론 보도가 있으니 이 부분도 고민해야 할 점으로 보인다. 2024년부터 배당액을 확정한 뒤 배당받을 주주를 결정하기 위해 배당기준일을 의결권기준일과 분리하는 정관개정이 실시되고 있다.

배당금 지급기준일과 지급시점의 간극을 줄인다는 점에서 제도 변경은 긍정적이지만 배당투자의 근간은 저평가된 우량주식을 사는 데 있다는 점을 간과해서는 안 될 것이다.

● 배당의 기준이 되는 재무제표(관계법 상에는 개별재무제표)

2011년 도입된 K-IFRS는 종속기업 보유 여부에 따라 연결재무제표 또는 별도재무제표를 주 재무제표로 채택하게 되었는데, K-IFRS 도입 이전 K-GAAP 하에서는 개별재무제표가 주 재무제표였던 점을 고려할 때 큰 변화였다. 즉 회사의 처지(상장 유무, 종속기업 보유 여부)에 따라서 주 재무제표가 달라진 것이다.

그러나 상법상 배당가능이익은 여전히 개별재무제표를 기준으로 하고 있다. 이에 주 재무제표가 연결인 기업들도 별도재무제표 기준으로 배당가능이익을 산정할 수밖에 없으며, 이때 종속기업 투자주식을 원가법, 공정가치법, 지분법 중 선택하여 적용하게 된다. 상법상 배당가능이익의 기초가 되는 재무제표가 서로 다른 기준으로 작성되는 것은 바람직하지 않다는 주장이 제기되고 있다. 학계에서는 기업이 어떠한 회계기준을 적용하든지 간에 배당가능이익 산정의 기초가 되는 재무제표가

배당가능이익의 기초가 되는 재무제표의 개정 제안

구분		현행		개정 제안
종속기업 유무	회계 기준			
종속기업이 있는 기업	K-IFRS	별도재무제표	→	연결재무제표
	일반회계 기준	개별재무제표	→	
종속기업이 없는 기업	K-IFRS	개별재무제표		개별재무제표
	일반회계 기준	개별재무제표		

자료: 연구보고서 제57, 「별도재무제표의 회계처리 개선방안 - 지배·종속기업 간 거래를 중심으로」

일관되도록 하자고 주장하고 있다.

재무제표를 연결재무제표로 쓰고 있는(종속기업이 있으므로) 시가총액 상위 20사의 배당공시나 배당정책 공시를 보면 배당가능이익을 연결기준으로 보고하고 있음을 알 수 있다. 네이버를 제외하고 연결기준을 배당정책의 기준으로 삼고 있다. 법령상 기준보다는 외부투자자와 소통을 위해서 이런 방법을 쓰는 것으로 보인다.

삼성전자	2021~23년의 주주환원정책을 2021년 1월에 발표한다. 이에 따라 향후 3년의 사업연도에도 잉여현금흐름의 50%를 재원으로 활용하되 정규 배당을 연간 총 9.8조 원 수준으로 확대하고 잔여 재원이 발생하는 경우에는 추가로 환원할 계획이다.
LG화학	- 분할 전과 동일한 배당재원 기준 적용을 위해 연결재무제표 당기순이익(일회성 비경상 이익 제외) 기준 배당성향 30%를 지향한다. - 분할로 인한 불확실성을 제거하고, 주주가치 제고를 확고히 하고자 향후 3년간(2020~22년) 보통주 1주당 최소 1만 원 이상의 현금배당을 추진한다.
삼성SDI	2022~24년의 현금배당은 주당 1,000원(우선주 1,050원) + 연간 잉여현금흐름의 5~10%를 지급한다.

네이버	별도 당기순이익 기준 배당성향 5%를 유지(별도 당기순이익은 일시적 미실현손익 등 비경상적 항목을 제외하여 산정 가능)한다.
POSCO 홀딩스	주주가치 제고를 위해 2016년 2분기부터 분기배당제를 도입, 시행한다. 매분기 배당을 실시한다. 2020년 1월 시장의 예측가능성을 제고하기 위해 연결배당성향 30% 수준을 목표로 한 중기배당정책(FY2020~FY2022)을 발표했다. 2022년 8월 발행주식의 3.0%인 총 2,615,605주의 자기주식을 소각했다.
KB금융	자산 성장 목표를 달성한 후 CET1 비율 13%를 초과하는 자본을 주주환원의 재원으로 활용하여 주주에게 적극적으로 환원하는 것이 원칙이다. 감독 규제 환경의 변화, 금융시장 변동성 및 회사의 경영상 목적 등에 따라 주주환원 수준은 변경될 수 있으나, 각각의 상황에 부합하는 주주환원 극대화를 통해 기업과 주주가치 제고에 최선을 다하고자 한다.
기아	중·장기 배당성향 범위를 기존의 25~30%에서 2022년 이후부터는 20~35%으로 변경 적용했다. 배당 책정은 전년도 배당 수준과 당해 연도 이익 증가폭 및 배당수익률 등을 함께 고려하여 최종 결정할 계획이다. 참고로 제79기(2022년) 연결현금배당성향은 25.9%였다.

자료: 각 사 2022년 사업보고서, 잉여현금흐름은 연결 기준

● 배당 관련 세금

'미국 건국의 아버지'로 불리는 벤저민 프랭클린은 "인생에 죽음Death과 세금Taxes 외에는 보장Guarantee이란 없다."고 말했다. 우리는 살아 있는 동안 세금을 피할 수는 없다. '소득 있는 곳에 과세한다.'는 기본 원칙에 의해 배당수익에 대한 세금 역시 피할 수 없다. 현재 국내의 배당 관련 세금은 배당금의 기본 세율 14%와 지방소득세 1.4%를 합한 15.4%가 원천 징수된다. 한 해의 금융소득(배당소득과 이자소득 원금을 합한 소득) 세전 금액이 2,000만 원 이하라면 분리과세이기 때문에 별도의 추가 세금은

없다.

그런데 금융소득 세전 금액이 2,000만 원을 초과하게 되면 금융소득 종합과세 대상이 된다. 이 경우 금융소득 합계에서 2,000만 원 초과분을 이외의 별도 소득(근로소득, 사업소득, 연금소득, 기타소득 등)과 합산해 다음 해 5월에 종합소득 확정신고를 해야 한다.

금융소득종합과세는 2001년 1월에 도입되었는데 2002년부터 개인별 금융소득이 연간 4,000만 원을 초과하는 경우 합산과세하다가, 세수 확보를 위하여 2013년에는 개인별 연간 금융소득의 기준금액이 기존 4,000만 원에서 2,000만 원으로 하향 조정되었다.

4억 원을 배당주에 투자하고 있는데 배당수익률이 5%라면 연간 배당금 수령액이 2,000만 원이 되어 종합과세 대상으로 전환된다. 하지만 종합과세에 따른 세금 상승 효과는 우려보다는 드라마틱하지 않다. 물론 현명한 개인투자자라면 비과세되는 상품에서 배당주식에 투자하여 금융소득종합과세 적용을 현명하게 피해 갈 수 있을 것이다.

배당과 관련된 세금 이슈가 중요한 이유는 대주주로 하여금 배당에 인색하게 만들거나 투자자들에게 불리하게 작용할 수 있기 때문이다. 자회사를 만들어서 장기간 이익을 이전해 주고(터널링) 합병하면 상속세 부담이나 배당 관련 세금 등의 이슈에서 자유로운데 누가 배당을 해서 떳떳하게 돈을 마련하고 그 돈으로 주식을 사서 승계를 하겠는가?

이자소득과 배당소득의 합이 연간 2,000만 원이 넘어가면 최대 49.5%에 달하는 고율의 소득세가 부과되기 때문에 대주주와 대주주 가

⊘ 다양한 절세 금융 상품

비과세되는 금융소득(2020년 기준)에는 소득세법의 규정에 따라 공익신탁법에 의한 공익신탁의 이익, 장기저축성보험의 보험차익 등이 있으며, 조세특례제한법에 따라 개인연금저축의 이자·배당, 장기주택마련저축의 이자·배당, 비과세종합저축의 이자·배당, 조합 등 예탁금의 이자 및 출자금에 대한 배당, 농어가 목돈마련저축의 이자, 개인종합자산관리계좌ISA에서 발생하는 금융소득의 합계액 중 200만 원 또는 400만 원까지의 금액 등이 해당된다.

분리과세되는 금융소득(2020년 기준)에는 소득세법의 규정에 따라 부동산 경매 입찰을 위하여 법원에 납부한 보증금 및 경락대금에서 발생하는 이자(14%), 실지 명의가 확인되지 않은 이자(42%), 10년 이상 장기채권으로 분리과세를 신청한 이자와 할인액(30%), 직장공제회 초과반환금(기본세율), 법인격 없는 단체가 금융회사 등으로부터 받은 이자 및 배당(14%) 등이 있으며, 조세제한특례법에 따라 영농·영어조합법인의 배당(5%), 세금우대종합저축의 이자·배당(9%), 고위험고수익투자신탁의 이자·배당(14%), 개인종합자산관리계좌에서 발생하는 금융소득의 비과세 한도를 초과하는 금액(9%) 등이 해당된다.

족 입장에서는 세금 회피를 위해 배당을 꺼리게 되는 경향이 있다. 이로 인해 한국 기업들의 배당성향은 전 세계적으로 굉장히 낮은 수준이고, 코리아 디스카운트의 요인 중 하나로도 작용한다. 이 때문에 배당소득을 분리과세해서 배당성향을 높여야 한다는 주장이 나오기도 한다.

2021년 금융소득 규모별 종합과세 신고 현황을 보면, 5억 원 이상의 금융소득종합과세 신청인은 전체 납세인의 3.2%로 전체 금융소득의 47%를 차지하고 있다. 5억 원 기준으로 2%의 이자+배당수익을 거두었다고 가정했을 때 투자원금은 250억 원이다. 이들은 상장기업의 배당정책에 영향을 미칠 수 있는 대주주 가족일 가능성이 높다.

2021년 금융소득 규모별 종합과세 신고 현황

과세 대상 금융소득구간	신고 인원		금융소득	
	(명)	비중(%)	(억 원)	비중(%)
2,000만 원 이하	2,765	1.5	142	0.1
3,000만 원 이하	62,843	35.2	15,116	6.0
4,000만 원 이하	29,840	16.7	10,239	4.0
4,600만 원 이하	11,329	6.3	4,850	1.9
6,000만 원 이하	17,527	9.8	9,185	3.6
8,000만 원 이하	13,562	7.6	9,347	3.7
8,800만 원 이하	4,053	2.3	3,405	1.3
1억 원 이하	4,309	2.4	4,052	1.6
2억 원 이하	17,141	9.6	23,491	9.3
3억 원 이하	5,454	3.1	13,240	5.2
5억 원 이하	4,186	2.3	15,902	6.3
5억 원 초과	5,697	3.2	144,325	57.0
합계	178,706		253,294	

자료: 비즈워치

2021년 금융소득 규모별 이자 vs 배당 비중

이자소득 비중(%)	과세 대상 금융 소득 구간	배당소득 비중(%)
76.1	2,000만 원 이하	23.9
31.4	3,000만 원 이하	68.6
26.1	4,000만 원 이하	73.9
22.9	4,600만 원 이하	77.1
21.0	6,000만 원 이하	79.0
18.8	8,000만 원 이하	81.2
15.1	8,800만 원 이하	84.9
16.9	1억 원 이하	83.1
13.0	2억 원 이하	87.0
11.0	3억 원 이하	89.0
9.5	5억 원 이하	90.5
4.5	5억 원 초과	95.5
10.3	합계	89.7

자료: 비즈워치

    국내 한 종목에 10억 원 이상 투자한 경우 현행법상 대주주로 분류돼 양도차익의 22%를 세금으로 내야 했던 양도세과세 기준이 50억 원으로 상향된 것은 매우 환영할 만한 일이다. 건전한 장기 투자에 도움이 될 것이다. 매년 연말이 되면 대주주로 등록되는 것을 막고자 쏟아져 나왔던 개인투자자 매물도 점차 줄어들며 주가 변동성 개선에 도움을 줄 것이다.

대주주 양도세 기준

2000년	100억 원
2013년	50억 원
2016년	25억 원
2018년	15억 원
2020년	10억 원

국내외 주식 관계없이 양도소득세 11%만 적용되는 CFDContract for Difference(차액결제거래)는 세율이 주식 투자의 절반 수준이다. 실제 자산(주식 등)의 직접 보유 없이 가격 변동분 차액만 결제하는 장외파생상품의 일종으로 유가증권이 아니라 파생상품으로 분류되어서이다. CFD의 세금 이점은 앞으로 2년간 이어질 전망인데 금융투자상품에서 발생한 손익에 세금을 매기는 금융투자소득세가 2025년부터 도입되기 때문이다. CFD는 세율이 낮고 레버리지 거래가 가능하다는 점에서 선풍적인 인기를 끌다가 소위 '라덕연사태' 이후 문제점이 드러나면서 규제가 강화되는 모습이다.

최소한 금융소득에 부과되는 누진세 구간과 금액이 완화된다면 더 많은 기업이 배당을 늘릴 수 있는 중요한 동인으로 작용할 것이다. 배당성향과 주주환원이 개선되면 한국 주식시장의 저평가도 어느 정도 해소될 것이다. 한국 주식시장에서 대주주와 소액주주의 이해관계 일치가 중요한 이유이다.

맺음말

성공적인 배당펀드(배당투자)란 어떤 펀드(투자)일까?

필자는 아직도 그 모범답안을 찾기 위해서 고군분투하는 중이다. 한 가지 확실한 것이 있다면 배당투자는 다른 어떤 스타일의 주식 투자보다 지지 않을 확률이 높다는 것이다. 보통 배당투자자는 매우 조심스러운 성향일 가능성이 높다. 주가 하락기에 덜 깨지는 경향이 확실할 뿐 아니라 받은 배당금으로 배당을 줄 수 있는 회사에 계속해서 투자하기 때문이다. 매년 배당을 받아서 재투자하게 되며 배당을 받을 수 있는 보유 주식수는 해가 거듭될수록 증가한다.

이 책에서 전달하고 싶었던 점을 요약하면 다음과 같다.

배당'주식' 투자란 단순히 배당수익률이 높은 종목만 투자하는 것이

아니다. 기업가치가 저평가된 종목에 투자해야 우수한 성과를 거둘
수 있다.

액티브 배당펀드를 오랜 기간 운용해 온 경험에서 '배당투자는 꼭 제
대로 된 배당주식형 펀드로 해야 한다.'고 조언드리고 싶다. 배당주를 펀
드로 투자해야 하는 이유는 배당의 재투자 효과를 살려서 저평가된 종
목 발굴을 통해 장기적으로 우수한 성과가 누적된다는 점으로 요약할
수 있다. 이러한 요소를 고려했을 때 퇴직연금의 필수 요소이며 적립식
투자로 효과가 극대화될 수 있다.

앞서 배당이 중요한 이유를 설명할 때 배당의 재투자에 대해서는 간
략하게만 언급하였다. KOSPI 지수의 누적수익만 보더라도 단순 지수의
성과price return와 배당의 재투자까지 가정한 TRTotal Return 성과가 시간이
지날수록 벌어지는 것을 볼 수 있었다. 배당의 재투자 효과는 받은 배당
금을 가지고 저평가된 주식을 계속 사서 배당을 받을 수 있는 주식수를
늘리는 것이 핵심이다.

문제는 배당을 받아서 재투자하는 것을 자꾸 잊게 된다는 점이다. 배
당금이 들어오는 날짜를 찾아보기도 번거로울 뿐 아니라, 배당금이 현
금으로 들어오면 그 당시의 주가를 보고 주가가 '떨어지면 사겠다.' 등의
조건을 붙이고 매수를 차일피일 미루다가 시기를 놓치게 되는 것이다.

그러나 펀드로 투자할 경우에는 재투자를 잊고 하지 않을 가능성이
없다. 미수배당금은 배당금을 실제로 받기도 전에 배당권리가 확정되면

펀드에 현금으로 들어온다. 배당금을 받기 전에는 현금 비중이 꽤 높이 유지되다가 실제로 배당금이 입고되면 실제로 현금이 생기는 것이고, 그 현금으로 그동안 찍어 놨던(!) 저평가 배당주를 사들이면서 주식수를 늘려 나가게 된다.

앞서 단순 지수의 성과와 배당의 재투자까지 가정한 TR 성과가 시간이 지날수록 벌어지는 부분을 설명한 바 있다. 배당주펀드의 배당수익률의 경우 KOSPI TR 지수의 배당수익률 대비 1% 이상 높아 장기로 투자할 때 재투자 수익의 효과는 더욱 커질 수 있다.

배당투자의 실제 예를 소개하면서 보텀업, 가치투자 관점에서 배당주를 접근하는 방식에 대해 설명한 바 있다. 저평가된 종목을 찾아내서 배당을 받으며 저평가가 해소되기를 기다리는 다소 지루해 보이는 방식은 다수의 증권 관련 매체에서 매일매일 빠르게 종목을 매매하라고 속삭이는 내용과 다르다. 남들과 다소 다르게 생각하고 한 발 빠르게 움직이며 차분하게 기업가치를 따지는 것은 훈련된 전문가라도 실전 투자에서 실현하기는 쉽지 않다.

현금흐름 창출을 바탕으로 배당을 꾸준히 줄 수 있는 기업, 이익성장에 맞춰 배당도 동반 성장하는 기업에 투자한다. 현재 시장평균보다 높은 수준의 배당을 하는 기업뿐만 아니라 향후 배당을 늘릴 가능성이 있는 종목을 발굴한다. 중·장기 기업가치 대비 현재 주가가 저평가 된 종목에 투자한다. 결과적으로 이러한 투자 원칙을 시장 변동성에도 불구하고 잘 지켜 가는 것이 좋은 배당주펀드의 노하우이다.

필자도 퇴직연금을 주로 배당주펀드로 운용하고 있다. 어차피 지금 당장 쓸 돈이 아니거니와 배당주펀드의 운용 원리와 운용 원칙을 지켜 오며 보여 준 장기 성과에 대한 확신이 있기 때문이다. 앞서 채권투자(저축)는 장기적인 관점에서는 인플레이션 때문에 (실질)원금 보존이 어렵다는 점을 지적했다. (콜라 1캔의 가격이 무섭게 뛰었던 것을 기억하자.) 퇴직연금은 장기 자산이므로 인플레이션을 커버하는지 여부가 그 어떤 요소보다도 중요하다. 배당주는 주가의 하락 방어력이 있기 때문에 펀드 성과의 변동성이 다른 주식형 펀드 대비 양호하다.

　　많은 분이 펀드매니저는 자기 자산을 어디다 투자하는지 궁금해하는데 사실 고객 자산을 운용하다 보면 자신의 장기 연금재산 투자는 안타깝지만 뒷전으로 밀리게 된다. 오히려 항상 신경 쓰고 있는 고객 자산에 같이 넣어서 운용하는 게 편하다. 배당주 투자 원리를 알고 체득한 이후에는 내 퇴직연금에는 크게 신경 쓰지 않게 되었다. 1년에 한두 번 퇴직연금 계좌를 열어 보는 게 전부이다.

　　다들 마켓 타이밍에 대한 환상이 있을 것이다. '나는 꼭 저점에 사서 고점에 팔리라.'는 생각 말이다. 환상은 너무나 매력적이지만 실제로는 거의 불가능하고, 놓쳤을 경우 큰 손실로 이어질 수도 있다. 왜냐하면 근본적으로 시장의 방향을 예측하기는 거의 불가능하기 때문이다.

　　배당주펀드 역시 주식의 속성상 하락기에 덜 빠지긴 하지만 전반적으로 주가가 하락하는 경우에는 절대 주가가 유지되기 쉽지 않다. 장기적으로 매수 단가를 낮추는 효과가 입증된 적립식 투자를 해야 하는 이유가 여기에 있다. 적립식 투자에서 중요한 것은 '언제 투자하느냐.'가 아니라 '일정금액을 얼마나 오래 투자하느냐.'이다. 뒷북형 투자자도 은행적금보다는 높은 수익을 올렸다는 데 주목해야 한다.

한국 주식시장에서 주주환원이 인색한 이유가 무엇일까? 필자는 여전히 이 질문에 대한 답을 찾기 위해 노력 중이다. 그런데 그중 가능성이 높은 한 가지 가설은 너무 높은 상속·증여세율 때문에 대주주들이 세금 부담을 회피하기 위해 했던 행동들이 결과적으로 소액주주에게 피해가 되지 않았을까 하는 것이다.

앞서 지주회사-사업자회사로 인적분할한 이후 지주회사가 사업자회사의 지분을 교환하여 주주가치가 희석되는 경우를 언급하였다. 또는 여기서 다 밝히긴 어렵지만 상속을 앞두고 있거나 상속 이후에 대주주의 지분율이 확고하지 않은 중견기업 이상의 회사들은 투자자 대상의 IR 활동을 하지 않는 것뿐 아니라 인위적으로 주가를 누른다는 느낌을 주는 경우도 많다.

'나는 이 회사를 죽을 때까지 보유하다가 자식한테 물려주면 되니까 투자 기간에서는 상대적으로 너희들(소액주주)은 못 기다리겠지? 알아서 팔고 나가라.'는 것인지 궁금해질 때가 많다. 이런 얘기는 상당히 조심스럽지만, 상장기업으로서의 여러 장점은 누리면서 소액주주들을 나 몰라라 하는 기업들은 지분을 다 공개 매수하여 상장폐지하고 소액주주 신경 쓰지 않고 본인들 뜻대로 경영했으면 한다.

과세는 대단히 민감한 주제이고, 특히 부에 대한 과세는 더욱 그렇다. 경제적, 정치적 처지에 따라 입장이 확연히 갈린다. 사람들은 부에 대한 과세는 세금을 내는 담세자에게는 손해이지만 나머지 사람에게는 이익이라는 믿음이 강하다. 상속·증여세는 모든 나라에 있는 세금은 아니다. 게다가 최근에는 이 세금을 폐지하는 방향으로 바뀌고 있다. 그럼에도 우리나라에서는 세율을 낮추는 것조차 '부자 감세'로 공격을 당하고 있는 상황이다.

OECD 회원국 중 상속세가 없는 국가는 15개국이며 직계가족에게 상속할 때 상속세가 없는 국가 4개국을 포함하면 총 19개국에서 상속세가 없다. 우리나라의 상속세 최고 세율은 50%로서 일본의 55% 다음으로 높다. 하지만 우리나라의 경우 기업의 대주주가 기업을 상속할 때 경영권을 상속받는다는 경영권 프리미엄에 대한 가치를 추가하여 60%를 부과하고 있다. OECD 국가의 평균 상속세율은 2020년 27.1%이지만 상속세가 없는 국가들까지 포함하면 모든 국가의 평균은 15% 전후이다.

상속세와 관련된 과도한 부담이 ① 대주주로 하여금 주가를 누르거나, ② 대주주 자제들이 대량으로 지분을 보유한 관계사를 만들어 상속을 받아야 하는 기업의 부를 이전시켜서 관계사의 가치를 뻥튀기하거나, ③ 지주회사를 만들고 주식 교환을 통해 대주주의 지배권을 강화한 다음 지주회사의 주가를 눌러 대주주의 이익에 보탬이 되게 하는 행위의 배경으로 추측된다. 물론 이러한 사례가 모두 상속세를 회피하고 소액주주의 권리를 침해하려는 의도로 행해진 것은 아니라고 믿고 싶다.

배당과 관련된 세금은 대주주로 하여금 배당에 인색하게 만들거나 투자자들에게 불리하게 작용할 수 있다. 개인별 연간 금융소득이 2,000만 원이 넘어가면 부과되는 금융소득종합과세는 구간별로 최대 49.5%에 달하는 고율의 소득세가 부과된다. 이를 대주주의 입장에서 바라보면 배당 관련 세금 부담이 커진다고도 볼 수 있다. 자회사를 만들어서 장기간 이익을 이전해 주고(터널링) 합병하면 상속세 부담이나 배당 관련 세금 등의 이슈에서 자유로운데 누가 배당을 해서 떳떳하게 돈을 마련하고 그 돈으로 주식을 사서 승계를 하겠는가?

상속세에 대해서는 찬반 모두 너무나 첨예하므로 시간을 두고 국민적 합의를 이뤄 내야 할 것이다. 다만, 낙후된 기업의 지배구조가 가져온 코리아 디스카운트 해소를 포함한 자본시장의 정상화를 위해서는 대주주의 배당 관련 세제 완화를 포함한 세제 개편이 반드시 선결되어야 한다고 생각한다.

모쪼록 이 책이 건전한 배당투자를 위한 귀중한 씨앗이 되기를 소원한다. 앞으로 이 한 알의 씨앗이 열매를 맺고 번성해 나가는 것을 모든 독자분과 함께 지켜보고 싶다.

참고문헌

단행본

- 곽병열 지음, 『나는 배당 투자로 한 달에 두 번 월급 받는다』, 한스미디어, 2020.
- 김수헌 지음, 『기업경영에 숨겨진 101가지 진실』, 어바웃어북, 2018.
- 다나카 야스히로 지음, 황선종 옮김, 『부의 지도를 바꾼 회계의 세계사』, 위즈덤하우스, 2019.
- 대니얼 카너먼 지음, 이창신 옮김, 『생각에 관한 생각』, 김영사, 2018.
- 리처드 번스타인 지음, 한지영·이상민 옮김, 이건 감수, 『소음과 투자』, 북돋움, 2016.
- 벤저민 그레이엄 지음, 이건 옮김, 신진오 감수, 『현명한 투자자』, 국일증권연구소, 2020.
- 상속세제 개혁포럼 지음, 『국가의 약탈, 상속세』, 펜앤북스, 2023.
- 소수몽키·베가스풍류객·윤재홍 지음, 『잠든 사이 월급 버는 미국 배당주 투자』, 베가북스, 2019.
- 워런 버핏 원저, 로렌스 커닝햄 편저, 이건 편역, 『워런 버핏의 주주 서한』, 에프엔미디어, 2022.
- 윌리엄 손다이크 지음, 이혜경 옮김, 『현금의 재발견』, 마인드빌딩, 2019.
- 윤재수 지음, 『돈이 보이는 주식의 역사』, 길벗, 2021.

- 이철승, 『쌀, 재난, 국가』, 문학과 지성사, 2021.
- 조엘 틸링해스트 지음, 백진호·나승민·박주연 옮김, 설윤성 감수, 『빅 머니 씽크 스몰』, 워터베어프레스, 2020.
- 존 트레인 지음, 김용선 외 옮김, 『월가의 스승들』, 밸류리서치, 1996.
- 최종학 지음, 『숫자로 경영하라 4』, 원앤원북스, 2018.
- 최종학 지음, 『숫자로 경영하라 5』, 원앤원북스, 2022.
- 켈리 라이트 지음, 홍춘욱·한지영 옮김, 『절대로 배당은 거짓말하지 않는다』, 리딩리더, 2013.
- 클레멘스 봄스도르프 지음, 김세나 옮김, 『노르웨이처럼 투자하라』, 미래의 창, 2019.
- 토드 로즈 지음, 노정태 옮김, 『집단 착각』, 21세기북스, 2023.
- 폴 오팔라 외 지음, 손정숙 옮김, 『기업가처럼 주식투자하라』, 부크홀릭, 2010.
- 프레더릭 반하버비크 지음, 이건·서태준 옮김, 『초과수익 바이블』, 에프엔미디어, 2020.
- 피트 황 지음, 『치과의사 피트씨의 똑똑한 배당주 투자』, 스마트북스, 2016.
- 헤더 브릴리언트 외 지음, 김상우 옮김, 『경제적 해자 실전 주식 투자법』, 부크온, 2016.
- 훈민아빠 지음, 『한 권으로 끝내는 배당주 투자』, 황금부엉이, 2020.

논문, 증권사 자료, 신문기사 등

  김준석 지음, 「인적분할과 자사주 마법」, 자본시장연구원, 2023
- 신한금융투자, 「한국 증시 저평가를 고민하는 투자자에게」, 2022.
- 연구보고서 제57, 「별도재무제표의 회계처리 개선방안 – 지배·종속기업 간 거래를 중심으로」
- 한화투자증권, 「배당은 항상 주주가치 제고에 긍정적일까」, 2023.
- 「KT·네이버 등 자사주 이용한 우호지분 확대 제한해야」, 한겨레, 2023. 1. 20.